３男１女　全員東大卒医師に！

一点集中
ムダ取り勉強法

佐藤亮子

GENTOSHA

はじめに

こんにちは。佐藤亮子です。

2023年（令和5年）春、わが家の4人の子どもたちのうちの一番下の長女が大学を卒業して社会人としての一歩を踏み出しました。これで1991年（平成3年）に長男が誕生して以来、32年に及ぶ私の子育ても一段落、今後は子どもたちとは、大人同士、社会人同士としてつきあっていくことになります。

4人の子どもたちが皆、東京大学理科三類に入学して医学部に進んだことが珍しかったのか、私は8年ほど前、4人の子どもたちがお世話になった進学塾・浜学園から依頼されて勉強法の講演会を行ったのをきっかけに、本の出版、講演会、テレビ出演、動画共有サイト「YouTube」への出演など様々なメディアの場で活動することになりました。

思いがけないことでしたが、保護者の方々のお役に立つことができればいいと、求められれば広く出演してきました。

当初は一主婦がメディアに登場するのは気が引けましたが、ある対談で、医師で作家の和田秀樹先生（幻冬舎刊『80歳の壁』の著者）にお目にかかったとき、「東大理Ⅲ合格が2人なら偶然とも言えるけれど、4人となるとそこには何らかのノウハウがあるはず。それを世の中に伝えるのは意味があると思いますよ」と言っていただきました。灘高から東大医学部を卒業した和田先生はわが家の子どもたちの大先輩です。その言葉が励みになりました。

といっても堅苦しくはできないので、基本、〝関西のおばちゃん〟のノリで、経験したこと、おすすめしたいことを本音でざっくばらんにお話ししてきたつもりです。

子どもを育て、勉強や受験をサポートするのは本当に大変なことです。

よく、「佐藤さんは4人も育てたから大変でしたね」と言われますが、**子どもは1人でも育てるのは大変です。**生まれたての赤ちゃんは小さくても、喜怒哀楽を持った1人の人間で、お父さん、お母さんだけを頼りに生きていくのですから、保護者の方は日々、身の引き締まる思いで、お子さんを育てているのだと思います。

子育てが大変な分、悩むことや迷うことが多く、小さなことで疑問に思ったり、不安になることも多いようで、これまで私もたくさんの質問をいただきました。

その中で私が感じたのは、**お母さんたちは理想を求めすぎて苦しい思いをしているのではないかということです。**また、意外に昔ながらの「こうあるべき」というような価値観に左右されて困っているところもあるようです。

私自身は特に深く悩んだり考え込んだりすることは少なく、32年間の子育てを振り返ると、「あ〜子育て楽しかった」という思いが強いのです。それはただ私の呑気《のんき》でアバウトな性格によるものだと思いますが、その時々で大切だと思うことだけに集中して、後のことは〝捨てる〟というか〝あきらめる〟または、〝後でやればいいと思う〟やり方でやってきたことが楽しさに繋《つな》がったと思います。

お母さん方からの相談事を聞くと、**皆さんは〝しないといけないものを集める〟のは得意ですが、〝しなくてもいいものを捨てる〟のが苦手のようです。子育ても受験**

も、日々の暮らしも、優先順位を決めてそれ以外はしないと決めると途端にラクになるものです。

　この本では私の子育てに対する考え方と、育児、成績、受験、進路などで、一番大切なことは何か、反対に私が大切ではないと思って止めたことを紹介しました。私の本音を述べたつもりです。また、教科のほとんどは小学校3〜4年以上になると自信を持って教えることができなくなると思いますが、私は英語だけは、2年間だけですが高校の英語科の教師をしていたこともあり、子どもたちに大学入試まで教えることができました。現在、英語教育、受験システムは激変していますが、私が思う英語の効果的な勉強の方法を幼児期から大学受験まで紹介しました。

　私はお母さんが楽しく子育てでき、有意義な人生を歩んでいただけることを願ってやみません。この本がその一助になればとてもうれしいです。

佐藤亮子

3男1女　全員東大卒医師に！　**一点集中　ムダ取り勉強法**　目次

第2章　健康と生活習慣

第3章　勉強と成績

第4章 受験と進路

装幀　石川直美（カメガイ デザイン オフィス）
写真　岡本尚樹
イラスト　una
DTP　美創
編集協力　今津朋子

第1章

子育てがラクになる極意
～必要なければ捨てましょう

離乳食のお粥《かゆ》の上の星形にんじん、必要？

長男が誕生して数か月たったころ。離乳食について知りたいとレシピ本を買ってきました。そこにはスープやお粥などのレシピがたくさん掲載されていましたが、表紙には器のお粥の上に小指の爪の先ぐらいの小さなゆでたにんじんが星形に切られて飾られていて、にんじんのオレンジ色が白いお粥に映えてとてもかわいらしく写っていました。それを見て、新米のお母さんだった私は、「これをしなくちゃいけないの？」と思って慄《おのの》きました。

しかし、乳児の育児期にそのようなことをしている時間はありません。「無理！これは単なる演出用の飾りだわ」と判断した私は、脳内から即座に星形にんじんを削除し、お粥だけを作りました。

もしかすると「星形にんじんを作らなくては」と思って1回でも作ったお母さんがいるかもしれません。新米のお母さんは経験がない分、本に書いてある通りにしがちなものです。私でも一瞬「作らないといけない？」と思ったのですから。

この件から、私は理想とはえてしてこのようなものなのだと知りました。

育児には〝星形にんじん〟に象徴される、**実現できるのが理想だけれど、でも現実問題としてなかなか実行できず、たとえできたとしても労力に対して効果がない、つまり一言でいえば、〝ムダなもの〟がたくさん存在します。**

それは世間の価値観の中にもありますし、もしかしたらお母さんの心の中にもあるかもしれません。

たとえば、「男の子だからこう育てないと」「女の子だからこう育てたい」という価値観は令和の世でも意外に健在です。「長男だから……」「末っ子だから……」「一人っ子だから……」などのきょうだい関係の昔ながらの規範がふとした拍子に顔を出すことがあります。

最近、帝王切開で産むことに対して引け目を感じる人がいたり、無痛分娩《ぶんべん》に対する偏見、母乳を飲ませないといけないなど、根拠のない規範が存在するのだと知ってびっくりしています。

私は4人の子どもを帝王切開で出産しています。長男を出産するときに医師の判断に従って帝王切開を選択しました。後の子どもたちのときも帝王切開が安全なので選択したのですが引け目に思ったことは一度もなく、何かを言われたこともありませんでした。**目的は無事に出産することであって、それに到達するための手段は何でもいい**のです。「苦しんで産んでこそ愛情が深くなる」などは非論理的です。そういう意味では以前よりも世の中の規範が妙に細かく厳しいものになっているのかもしれません。

また、「〇〇の産院での出産がおしゃれ」とか、受験についても「〇〇の学校に入学しないといけない」などのブランド志向があるようですが、これもおかしいと思います。誤解されているフシがありますが、私は子どもたちに「東大に行きなさい」と言ったことは一度もありません。具体的な学校名を掲げて勉強すると、希望がかなわなかったときに子どもがつらい思いをするからです。

楽しく子育てをするコツは、このお粥の上の星形にんじんに象徴されるムダなものを排除したり避けたりして、育てる人が「これは必要」「これは大事」と思うものだけを淡々と実行していくことだと思います。

何が大事かは、子どもの気持ちと状況を優先順位一番に考えたらすぐわかります。

子どもの気持ちにいかにして寄り添えるかが子育てのポイントだと思います。

皆さん！　世の中にある〝星形にんじん〟を探して「これは要らないよね」と捨てて、先に進みましょう。

洗濯物の山の横で計算プリントをすることを選びました

私は子どもが小さいころ、家事を捨てました。

毎日、洗濯して干し、乾いた衣類がリビングに子どもの背丈ほどの高さに積み上がりますが、それを分けて収納する時間がないのでそのままにしておくことがよくありました。夜、子どもたちはその山の中に潜って自分の着替えを宝物探しのように探してお風呂場に行っていました。手伝いに来た私の母はあきれていましたが、私は「今日は今日の準備ができればそれでいい。明日のことは明日考えよう」と思っていたのです。
しかし、その山のそばで子どもに計算プリントをさせていました。**私は部屋はきれいに片づいているけれども、そこに計算ができない子どもがいるのがいやだったのです**（子どもが計算ができなくても部屋がきれいな方を選択するならそれもいいと思いますが）。

受験を控えた年は「合格」と「健康」の2つだけを考えて行動しました。

「受験を控え、お稽古事はどうしたらいいですか」と聞かれることがよくありますが、なぜそこで優先順位に悩むのでしょうか。お稽古事をしていて合格しなかったら何にもなりませんから、〝止める〟の一択です。受験が終わったらまた始めればいいのです。一度捨てたものでもできるようになる時期が来ます。勉強で言えば、できそうにない問題は捨てて先に進んでも、実力が上がりその問題ができる時期が来たら解けばいいのです。

受験勉強、特に中学受験では〝捨てる〟ことが意外に大事で、4年生か5年生で10問出たうちの3問解けるなら、後の7問はその時点では捨てて先に進みましょう。この7問を理解しようとすると勉強がつらくなり時間ももったいないので、その時点では解ける3問を確実なものにする方が得策です。後の7問は取っておいて、後で授業内容が進んだときに解けるようになればいいと思います。

優先順位を決めるとラクなのは子育て時期だけでなく人生全般で使えるルールで、ある時期はこれとこれ、またある時期は違う2つに絞って考えると指針が明確になり行動に移しやすくなります。ちなみに今の私の2つはお母さんたちの子育てや受験の相談にのる仕事をすることと、これまでできなかった神社仏閣を見て回るなど〝自分の勉強をする〟ことの2つです。

◎一度にできるのは多くて2つまで

お母さん方の相談にのってきて思ったことは理想を求めすぎて自分を追い詰めてしまっているのではないかということです。皆さんは次の項目すべてを実現しようと思っていないでしょうか。

○家事は完璧で家が片づいている。
○子どもは勉強ができる。
○人間関係はすべて順調。
○仕事をばりばりこなしている。
○おしゃれに気を配り、趣味などで自分磨きも欠かさない。……など。

そんなの無理！ です。

私は人が一度にできるのは2つが限度だと思っています。それ以上するとどっちつかずになるか、つらくなるだけです。

5つの理想のうちの3つを気持ちよく捨てることができれば何事もスムーズに運ぶものです。試しに右の5つの中から2つだけ選んでみてください。かなりラクになりませんか？

「いや、どうしてもやらなくてはいけないことが5つも6つもある」と言う人も、**まずは2つに集中してそれができるようになったら3つ目以降の目標に向かえばいいのです。** 特に子どもが小さい時期や受験を控えている年は、優先順位をつけて目標を絞り込み、ほかのことは後回しにしましょう。

〝両立〟は捨てる。〝同時並行でする〟と考える

５つの中から２つに絞ってラクになっても、この２つを〝両立〟させようと思うとまたまたつらくなります。真面目な人ほど、今ある目標を完璧にこなして早く次の目標に向かって進もうと思いがちです。

私たちは昔から〝両立〟しなさいと言われてきたことが多かったようです。学生時代は「勉強とクラブ活動の両立」を言われ、大人になってからは「恋も仕事も思いのまま」という命題が示され、結婚してからは「仕事と家事・育児を両立することが大事」だと思ってきたような気がします。しかし、２つに絞っても両立は難しくて苦しいものなのです。

私は思うのですが、それは〝両立〟という言葉の響きにあるのではないでしょうか。〝両立〟という言葉にはどちらも１００％できるようにがんばるという意味合いがあ

ります。勉強もクラブ活動も仕事も家事も全部完璧にしないといけないニュアンスです。

ですから私は皆さんに言うときは〝同時並行でする〟という言葉を使っています。この言葉なら「できてないけれどやっていればＯＫ！」「そのうちできるようになるでしょう」のような気軽な感じがしませんか？

ですから、何かを２つしないといけないときは「同時並行でしょう」と思ってください。

よく相談されるのは、上の子が勉強していると下の子が邪魔をするのはどうしたらいいかという問題ですが、これも２人の勉強を同時並行でさせると考えたらいいと思います。小学生の上のお子さんが勉強を始めるときに、下の幼稚園生のお子さんに一緒に幼児用のドリルなどを始めてもらい、同時に進めます。どうしても下のお子さんの方が早く終わったり途中で飽きて止めてしまったりすることになると思いますが、そのときは「１人で遊んでいてね」と言って場所を移して遊ばせましょう。こうすると自分もドリルをやって早く終わったという満足感があるので、案外、お兄ちゃん、お姉ちゃんの邪魔はしないものです。

◎過去の選択に悩まず、次に進む

子どもが新しい学校に入学してしばらくたつと、「やはり私立に行かせればよかった」と言うお母さんがいます。「公立の方がよかったかも」「○○中学を受けておけばよかった」と思うこともあるかもしれません。

そう思っていても実際には子どもは進学した先で学校生活を送っているのですから、悩んでいてもしかたがありません。過去の選択に悩むより、選んだ道で成長していくようにしたいものです。第一、親がくよくよ悩んでいると子どもにもいい影響を与えません。過ぎたことを悩むよりも気持ちを切り替えて、公立中学に入学したとしたらすぐに高校入試がやってくるのですからその準備をした方が現実的です。

少し厳しいことを言えば入学後に、学校の選択で悩む原因は、**進路を決める際になぜその進路を選択したかの理由がはっきりしていなかったことにある**と思います。私立か公立かを考えたときに、「校風が合っていると思うので〇〇中学へ」「わが子には受験生活は荷が重いから公立へ」と考えて選んだのならそれでよしとしましょう。なんとなく周囲がそうだからなど、あまり考えずに選んだから悩むのです。自分がした選択の理由が言えない人が、後になって悩みがちになるようです。

人生において悩む時間はもったいないのです。保護者は**一度決断して選択したら、あっさり割り切って、次のことを考えるのが最善策だと思います。**

◎ 父親が乗り越えるべき壁にならないようにしましょう

お母さんたちの話を聞くと、子どもが勉強しないことを父である夫に相談すると、「そのうちやるようになるさ」と言われることが多いようです。塾に行った方がいいかと相談すると、「僕は自分で勉強してきた」などと自分の体験談を語るそうですが（世間でそこそこ一流と言われる大学を出たお父さんに多いようです）、今と昔は状況が違うので思い出話は不要ですし、現実を見てほしいものですよね。こういう場合、私は「夫の発言は無視しましょう」とお母さんたちにアドバイスしています。

よく、過去と人は変えられないと言いますがその通りだと思います。夫の意見も変えられないのでいわゆるワンオペ育児は大変ですが、一面、好きなように誰にも邪魔されずにできるというメリットがあります。

父の存在が偉大であるというのも厄介です。

母親が夫である父親をとても尊敬していて、「お父さんのようになりなさい」と子どもに言うと、子どもの前にハードルを作ることになります。父と子どもは親子ではあるけれど別の人間で、個性が違い、方向性も異なります。子どもが成長していく中でいくつかの壁ができるのはしかたがないことで、子どもは子どもなりにそれらを乗り越えて成長していくのですが、母が「父」という余計な壁を1つつけ加えるとその分、人生が面倒なことになるので極力、避けたいものです。

人を非難するのは止め、あるがままを受け入れましょう

私は人を非難しないようにしています。それは次のような経験をしたからです。（私は批判されることが多いのですが、全国民1億数千万人から支持されることはありえないと思っているので気にしないようにしています）

学校では学期の初めに各家庭から掃除用の雑巾を提出してもらいますね。私は子どもが入学する前、100円ショップで雑巾が販売されているのを見て、

「市販されている雑巾を買う家があるのね。要らないタオルを縫えば済むのに」

と思いました。少しの手間さえ省いてしまうどこかのお母さんたちを少し非難の目で見ていたわけです。しかし、いざ自分が提出する立場になってみると、縫う時間がなく迷わず100円ショップで購入しました。それも何回も買うのは大変だからとカゴいっぱいのまとめ買いです。そのとき、むやみに人を非難するものではないと気づいて、自分の中から〝人を非難する〟という考え方を捨てることにしました。

人を非難するということは、物事を自分の考え方を基準にして考えることです。す

るとどうしても自分と他人の違いが気になります。しかし、人にも各家庭にもそれぞれの事情があり、自分の考えが正しいとは言えないことがわかります。

また、**人を非難しがちな人は自分自身をも非難する傾向にあります。自分が正しいと思う基準があるためそれに到達していない自分をも非難の対象にするからです。きちんとできない自分を批判し、「もっとちゃんとしないといけない」と自分を肯定できずに自分で自分を追い込むことになりがちです。**

「こうあるべき」という考えを取り払って、他人も自分もあるがままを受け入れるといいと思います。基準を設けずにすべてを曖昧模糊《あいまいもこ》にする……**人生はすべて曖昧模糊だと考えましょう。**

子どもは特に曖昧模糊とした存在なので、こうあるべきという基準を設けるとつらくなります。親がつらいと子どももつらいもの。親がラクに子育てしていると子どもも幸せになるので、どうか、こうあるべきという考えは捨てていただけたらと思います。

かわいい子には旅をさせない。「獅子《しし》の子落とし」流教育はただ親が怠慢なだけ

ムダだと思うものはさっと捨てた私ですが、これは必要と思ったことには徹底的にこだわりました。

その第一が子どもに手をかけ、寄り添うということです。

「獅子の子落とし」ということわざがあります。深い愛情を持った親こそ、あえて子どもに逆境を与えて、そこからはい上がってきた子どもだけを育てるという意味のようです。

これと似たことわざに「かわいい子には旅をさせよ」があります。子どもがかわいいならあえて旅に出して、苦労をさせた方が立派に育つという意味かと思います。

「放任主義」という言葉も含め、これらはただ親の怠慢の言い訳だと私は思います。

少産で子どもが貴重なライオンは子どもをていねいに手をかけて育てますし、今の情勢から考えて成人していない子どもを旅に出すのはとても危険です。ライオンが子

どもを独立させるのは子どもが一人前になってからです。人間も子どもを旅に出すのはじゅうぶん成長して、１人で旅に出ても安全だと思うようになってからでいいと思います。

子育ては親の時間と労力を限りなく使う一大プロジェクトです。責任があるにもかかわらず、どこかで面倒くさいと思う気持ちの言い訳として、「放任主義」という言葉やことわざが使われているのではないでしょうか。

たとえば、勉強がよくわかっていない子どもに対して、「そのうちにやるようになる」「やればできる子だ」と言って放置する保護者がいるようですが、それは子どもに対する愛情不足または責任放棄だと思わざるをえません。

「皆有怵惕惻隠之心」（皆、怵惕惻隠《じゅってきそくいん》の心有り）という孟子《もうし》の文を漢文で習ったことがあります。

これは「どこかの子どもが井戸に落ちようとしているのを見たらびっくりして痛ましく感じて慌てて駆け寄って救うだろう。これは救うことで子どもの父母と交際を結ぼうという下心があってするのではない。郷党の朋友から名誉を得ようというわけでもない。助けなかったという悪名を取るのがいやなわけでもない」と説明があります。

困っている子どもがいたら駆け寄って助けるのが人間だという意味ですが、ましてわが子が勉強が理解できずに困っているときに、手を差し伸べないのは親としての責任放棄だと言わざるをえません。

漢字が苦手なら毎日少しずつ練習したり、算数の計算問題を作ったりしてできるように手助けするのが親の責任だと思います。

◎子どもの感覚を大切に〜ディズニーランドでギャン泣きした長男と次男

わが子といえども独自の感覚を持っているもの。大人は自分の価値観を押しつけてはいけないと実感した出来事があります。

私はディズニーランドのアトラクションの中でも「イッツ・ア・スモールワールド」が大好きでした。音楽に合わせて人形たちが歌ったり踊ったりする様子も楽しいし、世界は1つという世界観にも共感していました。ですから、子どもができたらぜひ「イッツ・ア・スモールワールド」に連れて行って一緒に楽しみたいと願っていたのです。

長男が4歳、次男が3歳ごろ、その願いがかない、東京ディズニーランドに行ったとき、「イッツ・ア・スモールワールド」のアトラクションに入ることにしました。

しかし、3人でボートに乗りいざ出発して、最初の人形たちを見た瞬間、2人とも泣きだしたのです。それも泣きわめくように大声を上げます。2人とも私にしがみつくのではなく、ボートから降りようとするので私は引き留めるのに必死。結局、2人は最後まで大泣きしたままでした。

せっかく、念願のアトラクションに連れて行ったのに、喜ぶどころか泣くばかりの2人を見て、私はがっかりしてしまいました。

でも後で聞いてみると、たくさんの人形が急に歌って踊りだしたのが怖かったらしいのです。

親がいいと思ったものでも子どもには違和感があり、恐怖心をあおるものがあることがわかった経験でした。ほかの皆が泣いていないのにわが子だけが泣くことを悩むことも止めました。親が好きだから、皆が好きだからという世間の基準に子どもをあてはめて価値観を押しつけてはいけないと反省しました。

たとえば遊園地にいる大きな着ぐるみはたいていの子どもが好きですが、これを苦手とする子どももいます。ケーキが嫌いで食べない子どももいると聞きました。

きっとその子にはその子ならではの感覚があり、それが個性となってそのお子さんなりに成長していく基盤になるのです。

子どもの様子を見てルールも即座に変更する

私は子育てするときにルールを決めましたが、子どもの様子次第でそのルールを捨てるのも早い方でした。わが家では健康を考えて甘い炭酸飲料は3歳まで飲まない、それ以降も家族の誰かの誕生日会のときだけと決めていました。長男が8歳の誕生日会でのこと。いつものように炭酸飲料で乾杯した後、ケーキを食べましたがしばらくすると上の3人は遊びに行ってしまいました。

リビングに残った私がゆっくりケーキを食べようとしてふと見ると、1歳の長女がレモン味の炭酸飲料をごくごくと飲んでいたのです。見ると兄たちのコップは空っぽ。長女は兄たちの飲み残しを次々に飲み干していたのです。

大変！　体に悪い！

でも、あまりにもおいしそうに飲んでいるので止めさせるのはかわいそうと思い、3歳まで飲ませないルールも「まっ、いいか」とその日は中止にしました。そのときの子どもの感情が大事で、ルールよりも子どもの「おいしい！」「楽しい！」という気持ちを尊重したいと思ったのです。

世の中は一筋縄ではいかないもので、決めたルールも変更せざるをえないことがありますが、それが子育てのおもしろいところだと思います。

子どもにウソをつかない
～「痛いの痛いの、飛んでけ～」とは言いません

「ウソをついたらいけません」と大人は子どもによく言います。「嘘つきは泥棒の始まり」なんて言う大人もいますね。

でも、大人だって子どもにウソをつきます。

その例が子どもがどこかに体をぶつけたときなどに言う、「痛いの痛いの、飛んでけ～」という言葉です。

テレビドラマなどでそんなシーンを見る度に私は、「痛いのは飛んではいかないでしょう」とつぶやいてしまいます。子どもはせっかく大人が言ってくれているのだから、痛くなくなったようなふりをしていますが、内心では、「でもまだ痛いんだけど」と思っているでしょう。子どもが痛いと大人も痛みを感じてしまう共感力だとは思いますが、どこかで痛いという現実をごまかしているように思い、私自身は子どもに「飛んでけ」と言ったことはありません。

子どもがどこかをぶつけたら、その場所をさすって「痛かったね～」と声をかけます。たとえ小さな子どもでも人格を尊重して、現実をごまかしてはいけないと思うからです。ケガをした大人に対して、「痛いの飛んでけ」とは決して言わないように、2歳の子どもにも、「痛いの飛んでけ」と言ってはいけないと思います。

理由を説明すれば子どもは理解するもの

予防接種をするときも同じです。

「痛くないよ」とごまかしたりしてはいけないと思います。

私は、予防接種をする前日には子どもたちに、「明日は予防接種をするから、チクッと痛くて泣くかもしれない。泣いてもいいけれど、でもこれは病気にならないために必要なものだからするんだよ」と説明しました。親が言う内容が理解できる年ごろになったらそう説明しましょう。

このように予防接種の様子と目的をしっかり説明してから病院に行きました。

（わが家は4人子どもがいますから、それぞれの予防接種のスケジュールはいっぱいで、私は手帳に書き入れて順になしていきました）

すると、子どもたちは一度も泣かなかったのです。3人ぐらいをまとめて注射に連れて行くこともありましたが、最初に打つ長男が泣かないので次男、三男も泣かずに終わります。

小さな子どもでも1人の人間としてしっかり説明して向き合うことが大事だと思います。

条件の悪さを言わない

人はとかく自分を取り巻く環境の悪さを口実に、するべきことをしないでサボるものです。私は子どもたちに、いつも「どんな環境の中でも勉強を続けること」と言っていました。

わが家は4人きょうだいで、常に小さい子がいるので勉強するのにいい環境とは言えませんでした。私はそれに対して文句を言わないようにといつも言っていました。

「**大学ノート見開き2ページ分のスペースがあれば勉強できる**のだから、もしも、耳元で下のきょうだいが太鼓をドンドンとたたいているならば『うるさいから止めて』と言ってもいいけれど、それ以外は文句を言わずにノートを開いて勉強してね」

と言っていました。

ですから、４人きょうだいの誰かが出すピアノや遊びなどの騒音の中でも勉強を続けられたのだと思います。

２０２０年の初頭から世界的に新型コロナウイルス感染症が拡大した影響で、受験生をはじめ生徒たちや学生たちに影響が出ました。入学式ができない大学生、大学が始まったけれど授業がオンライン中心になって孤立している大学生などが報道されました。

確かに勉強するのにいい環境とは言えませんが、戦争や大災害とは違い命が脅かされているわけではありません。悪条件を変えるのは１人の力ではなかなか難しいものですから、その条件の中でどうやっていくかを考えたらいいと思います。

◎ 母のコーチングで〝県予選2回戦突破〟を目標に

私には子どものお尻をたたいて勉強させた結果、見事、難関中学・大学に合格させた母であるというイメージがあるようです。何度言ってもなかなか理解してもらえないのですが、私は一度も子どもに医師になってほしいとかこの大学に行ってほしいとか言ったことはないです。

私が母の役割として考えていたのは次のようなことです。

――ある地方に高校があってそこに野球部があったとします。その野球部は部員が15人程度でやっとチームとして成立しているような部で、強豪とは程遠く、力のある選手もいません。甲子園出場なんて夢の夢、たいていは地区予選会で1回戦敗退するという状況でした。

でもあるとき、ここに1人のコーチがやってきて、練習方法を考え、生徒のモチベーションを上げ、うまく鍛えたら、なんとある年、夏の甲子園の地区予選会で1回戦に勝ち、勢いに乗って2回戦突破でき、3回戦まで行ったのです。もちろん、甲子園出場はできませんでしたが、1回戦敗退から3回戦まで行けたのは生徒たちの自信になりました。

なんだかおとぎ話のようなドラマのような話ですが、普通の生徒でもうまく育てることで甲子園には行けないが2回ぐらいは勝って自信がつく、そんなコーチの役割ができる、それが私の目指す母親像でした。

上手に馬を育てる力がある人を伯楽《はくらく》と言います。私は「小さな伯楽になれたらいいな」と思っていたのです。

ほとんどの子どもはスーパースターではありません。稀《まれ》に大谷翔平選手のような資質を持った子どもや、ビル・ゲイツのように生まれつき知能が高いギフテッドと呼ばれる人がいることもありますが、それは何万人に1人の確率で、わが家の子どもも普通の子どもたちです。ただ、そのままなら1回戦敗退のところを、能力を最大限伸ばすことで、その子なりに努力して、甲子園は無理でも2回戦、3回戦に進める力を育てることはできると思っています。それが母親の役割ではないかと思います。

子どもに寄り添うとはどういうことか

よく、子どもに寄り添うことが親の役割と言われますが、具体的にどういうことかと問われると曖昧なようです。

私が思う寄り添い方は次のようなことです。

たとえば、学校の先生から、「おたくのお子さんは授業中、話を聞いていませんのでご家庭でも注意してください」と言われたとします。そのとき、子どもに対して、「先生の話を聞いてないじゃないの。ダメじゃないの！」と叱《しか》る親がいます。

しかし、先生の言葉を鵜《う》呑《の》みにしてまず子どもを叱るのは寄り添っているとは言えません。子どもにも何か言い分があるかもしれないからです。もしかして先生の話がまったくおもしろくないということもあります。

その場合は、まず、お子さんに、「なぜ先生の話を聞かなかったのか」を聞いてください。「何があったの」とその理由を聞き、そこから一緒に考えるのが親の役割です。**親が先生の代弁者になってしまうと、親と子の間の信頼関係が築けません。**

親が先生・世間に同調して
子どもに向いている姿

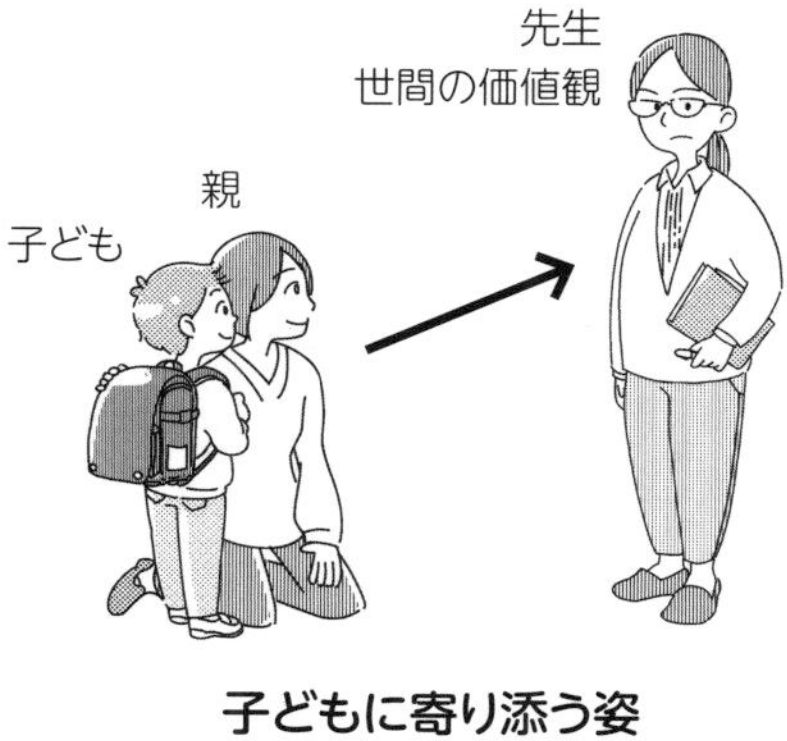

子どもに寄り添う姿

ですから、親の立ち位置はいつも子どもの横にあると言えるでしょう。

私が以前読んだ本の中に、子どもを守る姿勢について書かれた文章がありました。

何か敵が襲ってきたときに、日本の親は子どもにおおいかぶさるように抱きかかえて自分の背中を敵に見せて子どもを守るけれど、外国の親は子どもを後ろに置いて、仁王立ちになって正面から敵に立ち向かうという、文化の違いを述べたものだったと思います。そのとき「どちらがいいのだろう。私はどちらを選ぶだろう」と考え、それが子育てをしている間中、頭の中にありました。

子どもたちが、だんだん大きくなっていく過程で、あるときは子どもをまるごと抱え込み、あるときは立ちふさがって子どもを全身でもって守るのが親なのだろうと今は思っています。

いずれにしても、世界中が子どもの敵になっても親だけは味方になる覚悟が必要だと思います。

母は一生涯、子どもの味方

私が子どもを育てるとき、いつも心に決めていたことがあります。

それは、**どんなことがあっても私は一生涯、子どもの味方でいるということです。**

それは私の夫から聞いた話がきっかけになりました。

夫は弁護士ですが、あるとき、1人の男性の弁護を引き受けることになりました。

その男性は何度も万引きや窃盗などの軽犯罪を重ねていて、逮捕と釈放を繰り返してきたのですが、60代になってまた逮捕され、これまでの犯罪歴もあり今度ばかりは裁判にかけられ、重い懲役刑が科せられる可能性があるという事態になりました。年齢からこのままでは刑務所の中で一生を終えることも考えられるため、夫は、犯罪は犯罪としても、なんとかして罪を軽減したい、起訴猶予にしたいと関係各所に働きかけていました。

裁判官の心証を良くするには周囲の人による減刑の嘆願書が必要だそうです。夫は菓子折りを携え男性の友人知人を回って嘆願書を書いてもらうよう頼みましたが、なかなか書いてくれる人はいませんでした。そこで次は、親戚、きょうだいを回りましたが、もう縁を切りたいとのことでした。父親も訪ねていったのですが、「もう勘当したから無関係」と取り合ってはくれなかったそうです。しかし、最後に母親を訪ねていったら80代になるお母さんは、「書かせていただきます」と言って書いてくれたそうです。母親の減刑嘆願書というのは最も効果があり、減刑することができたと聞きました。

たとえ減刑されなくても母が嘆願書を書いてくれたというだけで、この男性は「いい人生だった」と思えるのではないかと私は思いました。場合によっては母親でさえも嘆願書を拒否する場合もあると聞いたからです。子どもにとって母から見捨てられるのが一番つらいのです。母までも嘆願書を拒否したと聞いたら人は決して立ち直ることができないでしょう。

この話を聞いてから私はこのような覚悟が必要だと思うようになりました。子どもの成績がいいとか悪いとかは関係ない、先生に褒められるとかどうでもいいのです。最後の最後で嘆願書を書く、それが母の役目です。

皆さんも何か子どものことで怒り心頭に発したり、問題が起きたりしたときは、この話を思い出してくださいね。

この話を聞いた後、私は何度か子どもたちに、「お母さんは誰が見放しても減刑嘆願書を書くからね」と話しました。あまり何度も言うので、「例が極端すぎる」「子どもがなんかやらかす前提？」と子どもたちは大笑いしていましたが。

第2章

健康と生活習慣

3歳までは安全と睡眠が最重要テーマ

生まれてから3歳までの間に私がこだわったのは、安全と睡眠です。この2つが最重要テーマで、その合間に読み聞かせや童謡を歌うこと、簡単なドリルを入れ込んでいきました。

小さい子どもは一瞬目を離しただけで命を失うことがあります。四六時中、注意すれば大丈夫と思うかもしれませんが、基本的にはそれはできません。**人は気持ちや努力ではどうにもならないことがあります。**自動車にチャイルドシートが義務づけられた当初のころのこと。あるお母さんは乳児がチャイルドシートに拘束されるのをいやがって泣くので、子どもを抱っこして車に同乗していたそうです。「何があっても私がわが子を手離すわけがない」と思ったということですが、走行中に追突されてケガをしてしまいました。わが子への愛という気持ちや、がんばって手離すまいとする努力よりも、車の速度という物理的要素が上回るのは当然です。精神的なことではどうしようもないことがあるのです。

安全に暮らすためにはまず安全な環境を作ることです。

私は、フォークなど先の尖《とが》ったものは手に持って歩いていて転ぶと大ケガをするため、ケーキを食べるときはスプーンで食べさせていました。

遊んでいるときにパーカーのフードについている紐《ひも》が首に絡んだ事故のことを新聞で読み、すぐにすべてのパーカーから紐を抜き取りました。パジャマにも調節用の紐がついていますがそれも抜き取りました。その他、湯沸かしポット、片手鍋なども危険なので撤去していました。ドラム式洗濯機も事故に繋がる可能性があるので使っていません。子どもの動きを予想して、危険なものを最初から避けておけば、いつもはらはらしなくてもよくなるので安心でき、ゆとりが生まれます。

節分には「鬼は外、福は内」と言って外と家の中に豆をまきますが、家の中に豆をまくと掃除をしても、ソファの後ろなどに取りきれない豆が潜んでいるもの。小さな子が拾って口に入れてのどに詰まらせることがあるかもしれませんので、わが家の節分は豆を庭に向かってまくだけで、家の中にはまかせませんでした。

ただ、厳密にリスクを回避し通せたかというとそうはいかないこともありました。

私は子どもには3歳までハサミを持たせないと決めていました。長男が3歳になったとき初めてハサミを持たせ、ハサミで形を切るドリルを与えると、もう喜んで喜んで口からよだれを流し、お尻をふりふりしながらハサミを使っていました。抑えられていたものが一気に流れ出た感じで可笑《おか》しかったです。

さて、わが家の長男と次男は年子ですので、お尻をふりふりハサミを使うそばには2歳になる次男がいて、自分も兄と同じようにハサミを使いたそうにしています。長男は3歳だからよくて、次男は2歳だからダメというわけにはいかず、3歳まではハサミは禁止というルールはその場で破られることになりました。このように一度決めた決まりをやすやすと破ることになるのが子育てですね。その後も朝令暮改になることは多々ありました。

子どもたちからよく、

「お母さんて3日坊主じゃなくて2日坊主だよね」

と言われています。

厳密に見えてアバウトなのが私の子育てで、それもいいかと思っています。

野菜を無理やり食べさせない

お母さんが弱い言葉、それは〝栄養バランス〟と〝野菜を食べる〟ではないでしょうか？　いろいろなメディアで「栄養バランスを考えたっぷり野菜を食べましょう」と言われ日々の献立に野菜を入れようと頭を悩ませているお母さんが多いようです。栄養バランスとは、主食（ご飯、パンなどのエネルギー源）、主菜（肉、魚などのたんぱく質）、副菜（野菜、きのこ、海藻など）を万遍なく食べることですが、そればかりを考えているとつらくなります。完璧な栄養バランスを目指さなくても、普通に食事を作っていれば、ご飯にふりかけだけで生きているようなアンバランスな状態にはならないので細かく考えてくよくよ悩むのは止めたらいいと思います。

子どもが野菜を食べないと言って悩むお母さんがいますが、**そもそも野菜にはえぐみ、苦味があるので子どもは苦手なものです。**野菜をぱくぱく食べる子もいれば野菜は嫌いと言う子もいて、それは生来のものなのでいやがる子に無理やり食べさせるのは親子ともどもつらいだけです。この世には努力ではどうしようもないことがあります。

私は野菜を細かく刻んでハンバーグに入れて食べさせていました。野菜を食べる目的はそこからビタミンなどの栄養を摂取することなので自然に体に入る方法を取ればいいと思ったからです。

わが家では皆が野菜は嫌いでしたが、大人になった今は進んでもりもりと食べています。体が野菜を欲しがる年齢になれば進んで食べるので心配は要りません。

ご飯を食べないという場合も同じです。口をこじあけるようにして無理に食べさせるのは止めましょう。ポテトチップスなどのスナック菓子でお腹《なか》がいっぱいになっているなら、食べさせないように気をつけるより買わない努力をすることです。あれば食べてしまうのが人間というものだからです。

食べ物の好き嫌いに限らず子どもが嫌いなものには理由があります。小さいころはそれを言葉で表現できないのですが、何らかの理由があると思います。

生物は動けばお腹がすくし、疲れたら眠くなります。子どもも普通に遊んで勉強するうちにお腹がすくので、ご飯を食べ、眠くなったら寝るもの。ご飯を作り、冬なら暖かく、夏は涼しくゆっくり寝られる環境を作っておけば、子どもは自然の摂理の中で育っていくでしょう。

歯は裏切りません

子どもの健康面で私がこだわったことは歯の健康です。歯は一生使うものなのでとても大事です。

歯を大切にしようと思った理由は、若いころ、週刊誌で歯の大切さを述べた記事を読んだからです。当時は虫歯がひどくなったら抜くのが常識で、歯の健康について述べる歯科医師は珍しかった時代に、その先生は歯を抜かずに自分の歯で一生過ごすことを提唱し、そのためにブラッシングを推奨していました。歯だけではなく血管が通っている歯茎にも言及し、歯茎の健康を保つ重要性を訴えていました。

今でこそ、歯周病が心臓病の原因になる可能性が言われたり、よく噛《か》むと振動が顎《あご》から脳に伝わって脳が若く保たれ、認知症を予防したり、長寿にも繋がると言われるようになり、歯の健康が重要視されていますが当時はとても新しい考え方でした。

その記事に共感した私は、子どもが生まれて歯が生え始めたときから歯のケアは怠りませんでした。私が毎日子どもたちの歯を磨き、定期的に歯医者さんに行って検診を受けていました。

歯がきれいだということは次のようにたとえられます。

歯は全部で上下16本ずつ合計32本あります（親知らずを含めた数です）。

これは32枚のお皿があると考えてください。1枚ずつ形の違うお皿が口の中に並んでいるのです。食事が終わったらお皿を洗いますが、このとき、きちんと洗う人とざっとしか洗わない人がいます。きちんと洗わないお皿はしばらくすると黒ずんで汚れてきて使えなくなります。きちんと洗ったお皿はいつもきれいで長く使うことができます。

子どもの歯は生後6～9か月ぐらいから下2本から生え始めます。長男の歯が生えてきたとき、私は歯医者さんに行って診てもらいました。歯医者さんは生後9か月の赤ちゃんが来院するのが珍しかったのか驚いて、

「このころなら、ガーゼで歯をぬぐうぐらいでいいと思いますよ」

とおっしゃいましたが私は、

「いえ、私が見逃していることがあるかもしれませんから診てください」

と言ってその2本の歯を診察していただきました。

以来、私が子どもの歯を毎日ブラッシングした上で1年に4回定期的に通っていました。4人をぞろぞろ引き連れて行くのですが、あくまでも検診で、治療ではないし、歯医者さんを痛かったり削ったりする場所とは認識していないので、歯医者に行くのをいやがる子はいませんでした。また、歯医者さんの帰りはいつもマクドナルドかケンタッキーフライドチキンかモスバーガーの中から好きな店を選んで行くと決めていたので、帰りのファストフードを楽しみに、皆、喜んで行っていました。中高生になって1人で行けるようになると、年3回、夏休み、冬休み、春休みが始まったらすぐ私が予約して行かせていました。ずっと同じ歯医者さんでおつきあいは20年以上にもなります。

健康を維持するために食べ物に気をつけたりはできますが、内臓や脳は自分ではなかなかケアできません。しかし歯だけは自分が手入れすれば一生健康に保つことができます。そして子どもが幼少期に歯を健康にするのは親の役目だと思います。現在、子どもたちには虫歯は1本もありませんし、歯磨き後は食べない習慣がついています。勉強は子どもたちのがんばりの成果ですが、歯の健康だけは私が子どもに貢献できたものと自負しています。

「寝ないでがんばる」は捨ててください

最近、脳科学の分野で睡眠に関する研究が進み、能率的に勉強したり仕事したりするには良質の睡眠を取ることが大事と言われるようになりました。

私はぐっすり眠ることが健康に過ごせていい成績を取る鍵だと思い、子どもたちの睡眠時間はしっかり確保していました。

小学1~2年生が午後9時に就寝、3年生は午後9時30分、4年生が午後10時30分、5年生が午後11時、6年生は午後11時30分です。これは上3人が4年生から塾に通いだしたわが家なりの時間割ですので、中学受験しない場合など、それぞれの子どもに合わせて就寝時間を決めたらよいかと思います。

勉強はクリアな頭でするのが一番理解でき、問題もすらすらと解けます。また、覚えたことは睡眠時間中に脳に定着するという研究もあります。

お手伝いにこだわらない

お母さん方はお手伝いにこだわる傾向にあるようです。小さいころからお手伝いをさせることで、自主性が育ち、思考力が伸び、責任感が芽生えるなどと本に書いてあるのですが、私はお手伝いをさせてもそれほど自主性も思考力も責任感も育たないと思っています。やりたければやればいいとは思いますが、無理強《じ》いさせたり、お手伝いをさせることにこだわりすぎない方がいいと思います。

私はお手伝いは特にさせていませんでした。家事ができることは人間が生きていく上で必要なことだと思いますが、それは後になってもできることです。私は子どもが大学入学のために家を離れるという1週間前に、ご飯の炊き方とみそ汁の作り方を教えました。この2つができればなんとか生きていけると思ったからです。今はネットで検索すれば料理の作り方は動画でわかりやすく解説してくれる時代です。家事は何もできなかった子どもたちですが、今では、魚をさばけるほどの腕前になっているようで、先日、4人で集まってブリをさばいてブリしゃぶパーティーを開いたと聞きました。

子どもは散らかして遊ぶのが仕事。片づけはしなくていい

「小さいころから整理整頓を教えましょう」とよく言われます。片づける習慣をつけるためだそうです。

1つのおもちゃで遊んだ後、違うおもちゃで遊びたくなったら、最初のおもちゃを片づけてから次のおもちゃを出すように教える方がいるとも聞きました。

すばらしいとは思いますし、部屋が散らからなくていいので親はラクとは思います

が、反面、「子どもはつまらないだろうな」と感じてしまいます。

私は子どもにおもちゃを片づけるように言ったことはありません。おもちゃは大人が片づければいいと思っています。

子どもがおもちゃで遊ぶ時間というのは一生のうちでごく短い期間です。その時間の一部を片づけの時間に充《あ》てるのはもったいないと思うからです。


私はおもちゃをプラスチック製の大きな衣装ケースにまとめて入れていました。衣装ケースは多いときで4つはあったと思います（ただ、レゴブロックだけは、これだけでしか遊ぶことができないので分けて収納していました）。

2〜3歳のころ、子どもはおもちゃで遊びたくなったら、おもちゃ箱のある場所まで行き、身の丈ほどもあるケースを全部、縦向きにひっくり返して床にぶちまけ、そこから遊びたいおもちゃを取り出して遊んでいました。

ミニカー、積み木、ぬいぐるみ、おままごとセット……。いろんな種類のおもちゃの海の中で、自由自在に遊んでいました。ぬいぐるみとミニカー、「プラレール」など、まったく違う分野のものを組み合わせたり、自分で何やら物語を創作して、おもちゃに語りかけたりしながら無心に遊ぶ姿を見ていると、子どもたちが頭の中でいろいろと空想の翼を広げていることがわかり、大人にはもう持つことができない自由さが羨《うらや》ましいと思いました。

大人は効率を考えるので収納場所から何かを出すときに必要なものしか出しません。するとその範疇《はんちゅう》でしか物事を考えられなくなります。子どももブロックだけ、ままごとだけというように１つのおもちゃだけで遊ぶなら、限定的にしか想像の翼を広げることができないのではないかと思うのです。

私は心というものは境界線のない広々とした世界の中で育っていくものだと思っています。特に幼児期は何にも邪魔されずに一心に遊ぶ感覚を大事にしてほしいと思ったので遊んだ後、あえて片づけの時間を設けませんでした。

片づけは、子どもが遊び終わったときに私がチリトリでおもちゃをざっくりとすくって、衣装ケースに戻すだけ。おもちゃ片づけ専用のチリトリを１つ用意していました。細かく分類することが苦手な私にぴったりの方法です。時々、遊び終わったかと思って片づけたら、またやってきて衣装ケースをひっくり返して遊び始めることもありましたが、それも笑って見ていました。

もし、遊んだ後に片づけないといけないとわかっていたら、子どもはこんなに大胆に遊ぼうとはしないでしょう。それに、子どもの小さな手でおもちゃを分類して収納していたらとても時間がかかり、親も見守らなくてはいけないので時間と手間がかかりストレスにもなります。ここはやはり、チリトリでざっくりとすくう方式がラクなのです。

小さいときに習慣づけないと、大人になって整理整頓ができないという心配は無用です。必要に迫られれば片づけの習慣は身につくものです。

わが家の子どもたちは学生時代、マンションを借りて共同生活をしていました。テキストや部活のユニフォームや用具などでだんだん部屋が狭くなってきたとき、相談して片づけを決行したそうです。日にちを決め、分類して捨てる担当、収納用品を買う担当、洗剤を買う担当、などと役割を決め1日かけて大掃除したそうで、部屋がスッキリしたと報告がありました。だから子ども時代に片づけを無理やり習慣にしなくても大丈夫なのです！

人生にはその時期にしかできないことがあります。

おもちゃで遊べる時期には心ゆくまで遊ばせてあげましょう。

◎おいしいご飯を楽しく食べる

健康に過ごすには食事はとても大事です。

栄養バランスも大事ですが、それよりも大切なのは楽しく食べることだと思います。

私は料理が好きですが、特に料理の才能があるわけではないので、まず、書店でいろいろな料理研究家の本を買ってきて、レシピを比べ、要らないと思う工程を省いてシンプルにした私なりの作り方にして作ります。グルメ漫画からアイディアを取り入れたものもあります。

ここでは、私のレシピ帖《ちょう》から、簡単にできて家族に人気の料理を紹介します。

◇ベーコン鍋

味つけは、コンソメキューブだけ。じゃがいもとたまねぎがごろっと入ったダイナミックな洋風鍋です。ベーコンをゆでて油分・塩分を取り除いてさっぱりいただくことと、食べるときに黒こしょうを挽《ひ》くことがポイント。いかに私が手抜きかがよくわかる簡単な鍋ですが、子どもたちには人気で冬の定番でした。好みでにんじん、ブロッコリーを入れてもいいでしょう。

材料（作りやすい量）

薄切りベーコン（市販品）……2パック

じゃがいも（中程度のサイズの男爵いも）……3～4個

ベーコン鍋

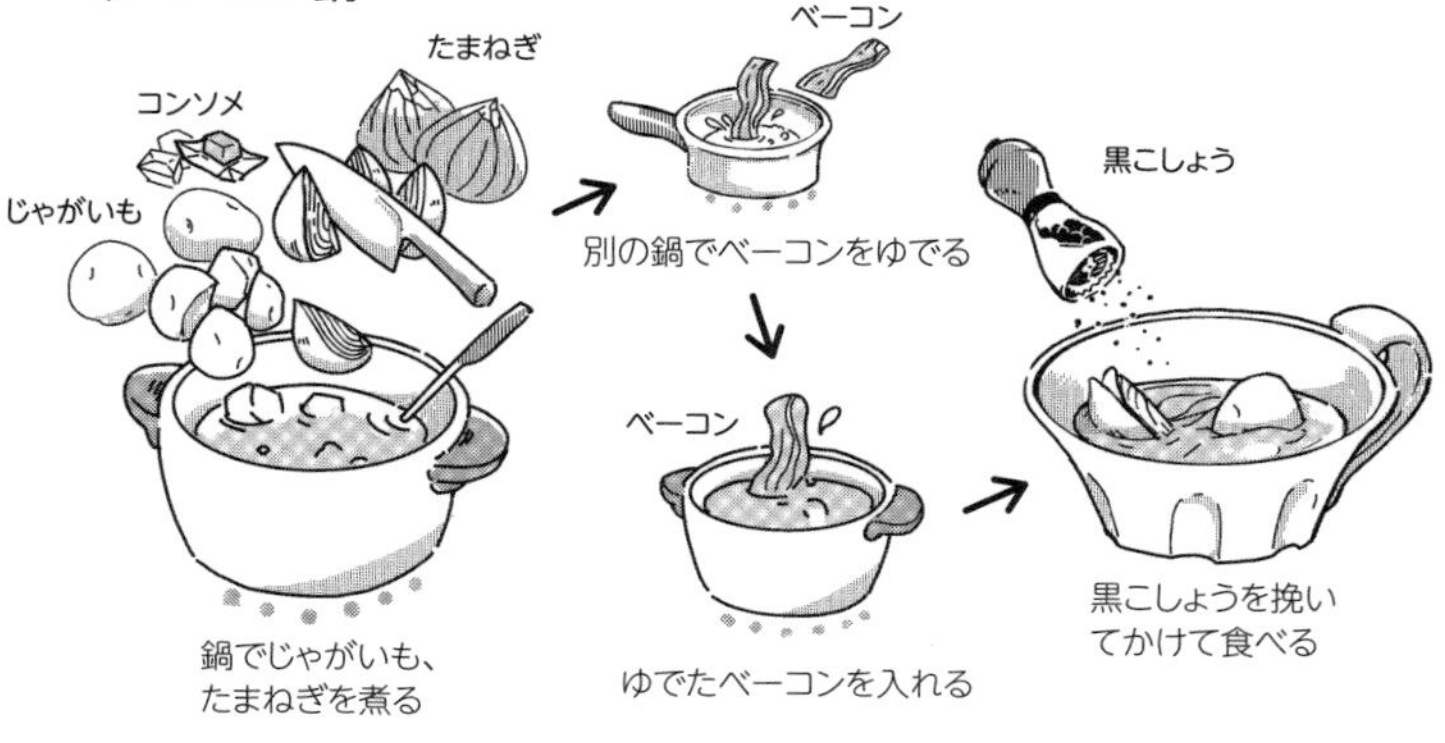

たまねぎ（新たまねぎではないもの）……3～4個
コンソメ（キューブ）……4個
黒こしょう……適量
水……1・5～2ℓ（家族の人数に合わせて鍋の大きさを決め、鍋の深さの半分ほどの水を入れる）

作り方

①じゃがいもは皮をむく。たまねぎは皮をむいて4つ割りにする。
②鍋に水、コンソメキューブ、じゃがいもを入れて沸かし、少し沸いたらたまねぎを入れ、やわらかくなるまで煮る。
③別の鍋かフライパンに水を適量（分量外）入れて沸かし、ベーコンを1枚ずつはがしながら入れ、さっとゆでる。
④ベーコンを②に入れる。
⑤鍋から取り分け、黒こしょうを挽きかけて食べる。

◇豚肉巻き蒸し

手間がかかっているように見えて実は簡単なお惣菜《そうざい》。もやしと一緒に加熱して蒸し焼きにするのがポイントです。彩りがきれいなので味つけしたらお弁当に入れても見映えがします。

材料（作りやすい量）

大根……30㎝（すべて使うわけではない）
豚ロース肉（薄切り）……10枚（200g）
小松菜……2把
パプリカ（赤）……1／2個
もやし……1袋
酒、水……各大さじ1

たれ

レモン果汁…大さじ1と1／2

☼ 豚肉巻き蒸し

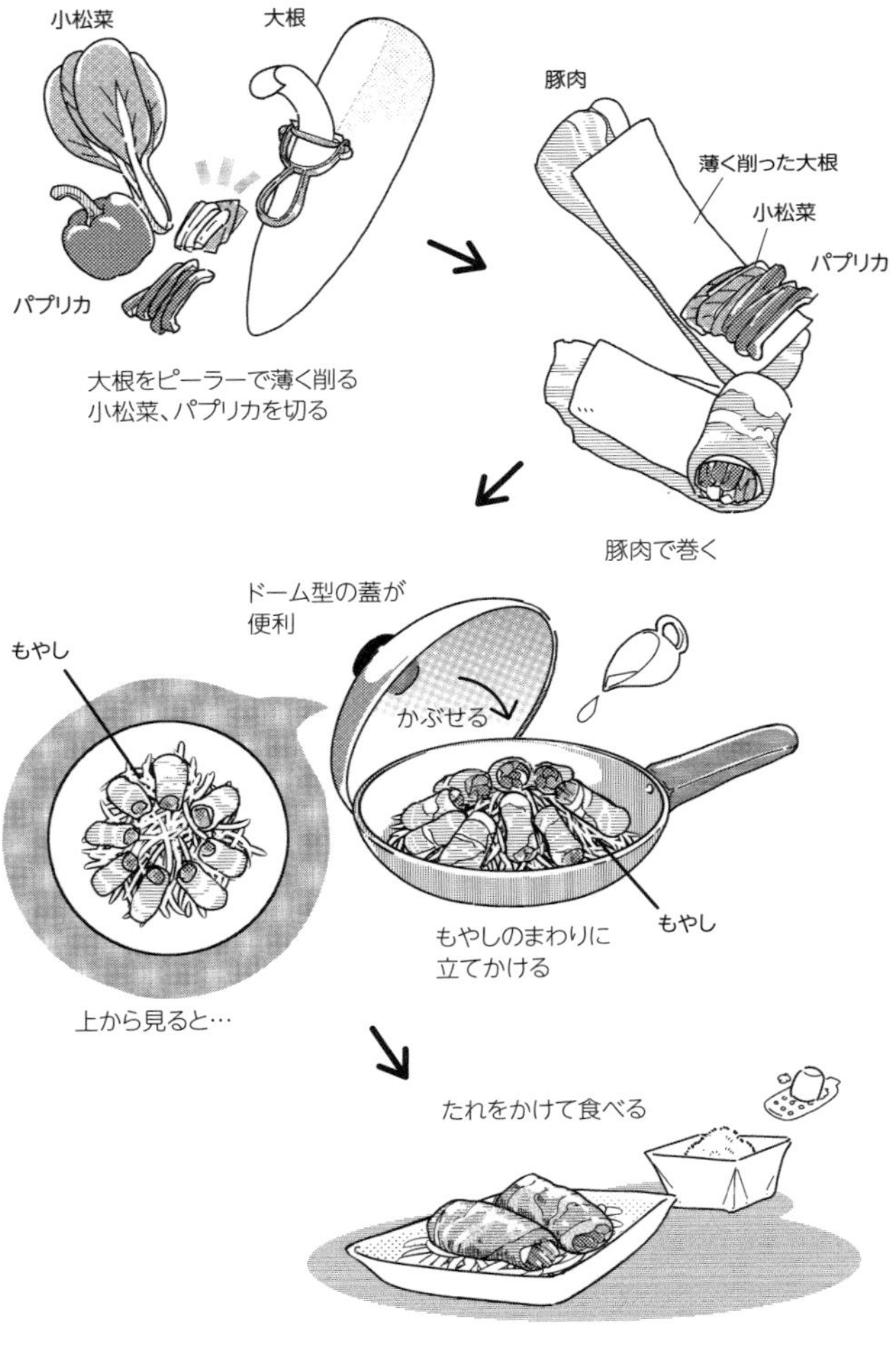
小松菜
大根
パプリカ
大根をピーラーで薄く削る
小松菜、パプリカを切る
豚肉
薄く削った大根
小松菜
パプリカ
豚肉で巻く
ドーム型の蓋が
便利
もやし
かぶせる
もやし
もやしのまわりに
立てかける
上から見ると…
たれをかけて食べる

しょうゆ……大さじ1
ごま油……小さじ1

作り方

①大根はピーラーで20～25㎝の長さに薄く削る。塩少々（分量外）をまぶし15分ほど置き水気を絞る。
②小松菜、パプリカは４㎝長さに切る。
③豚肉を広げ大根を豚肉に重ね、小松菜、パプリカをのせて巻いていく。
④フライパンの中央にもやしを積み上げるように置く。
⑤野菜を巻いた豚肉をもやしの周りに立てかける。酒と水を回しかけ、蓋をする。弱めの中火で5分ほど熱し、火を止めて1～2分蒸らす。
⑥たれを作り、残った大根を適量おろして加え、⑤につけて食べる。

◇野菜どろどろカレー

野菜が余ったときに考えついたレシピです。いろいろな野菜を煮て、さらに攪拌《かくはん》して作るのでこの名前をつけました。作っているときはまるで自分が魔女になったような気分がしますよ。多種の具材が混じっておいしくなり、子どもたちが苦手な野菜を食べさせることもできます。ほうれん草が多いと緑色になるので、カレーらしい色が好みの人は入れすぎに注意してください。

材料（作りやすい量）

じゃがいも、たまねぎ、大根、キャベツ、れんこん、なす、レタス、トマト、小松菜、ほうれん草などの余った野菜……適量　＊ピーマンは、ＮＧ。
豚肉または牛肉（薄切り肉）……２００〜３００ｇ
サラダ油……小さじ1
カレールー……適量　カレー粉……少々
トマトケチャップ……大さじ1

ピーナツバター（甘くないもの）……大さじ1
温かいご飯……適量

作り方

①具材はそれぞれ適当な大きさに切る。鍋に適量の水（分量外）、具材を入れやわらかくなるまで煮る。煮る途中で水が少なくなったら足す。

②①をハンドブレンダーでどろどろになるまで攪拌する。

③肉を食べやすい大きさに切り、サラダ油で炒め、②に入れる。

④カレールーを割り入れる。ピーナツバター、トマトケチャップ、カレー粉を入れて味をととのえる。

⑤ご飯にかけて食べる。

野菜どろどろカレー

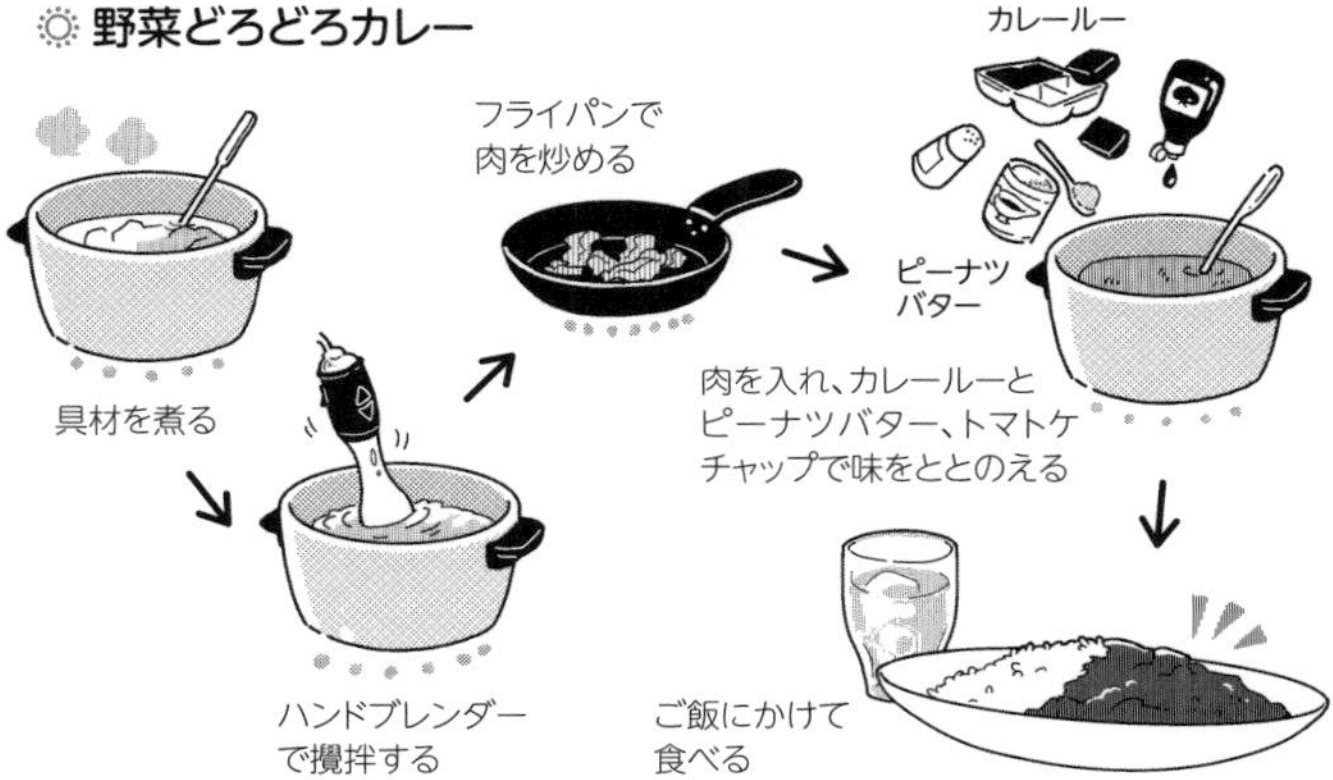

◇シーザーサラダ

生野菜が食べたくなると作るサラダです。クルトンを手作りして、ていねいに作るとおいしくできます。クルトンはフランスパン（バゲット）でも作れます。手抜き料理が多い私ですがこのドレッシングにはこだわっていて、おいしいドレッシングになるよういろいろ試してこの配合になりました。

材料（作りやすい量）

レタス、ロメインレタス、ベビーリーフ、ミニトマトなど……各適量
卵……2個
食パン……6～8枚切り1枚
サラダ油……大さじ2
ベーコン……1／2パック

ドレッシング

マヨネーズ、牛乳……各大さじ3

すりおろしにんにく……少々
レモン果汁……小さじ1
粉チーズ……大さじ1と1／2

作り方

① レタス、ロメインレタス、ベビーリーフ、ミニトマトは洗って水気を切っておく。

② パンは1㎝角に切り、フライパンにサラダ油を入れ、きつね色になるまで炒める。

③ 卵は半熟にゆで、縦半分に切る。ベーコンは幅5㎜に切って炒める。ドレッシングの材料を混ぜる。

④ ボウルにレタス、ロメインレタスをちぎりながら入れ、ベビーリーフとまぜる。皿に盛り、ミニトマト、ゆで卵、ベーコンを盛り合わせる。

シーザーサラダ

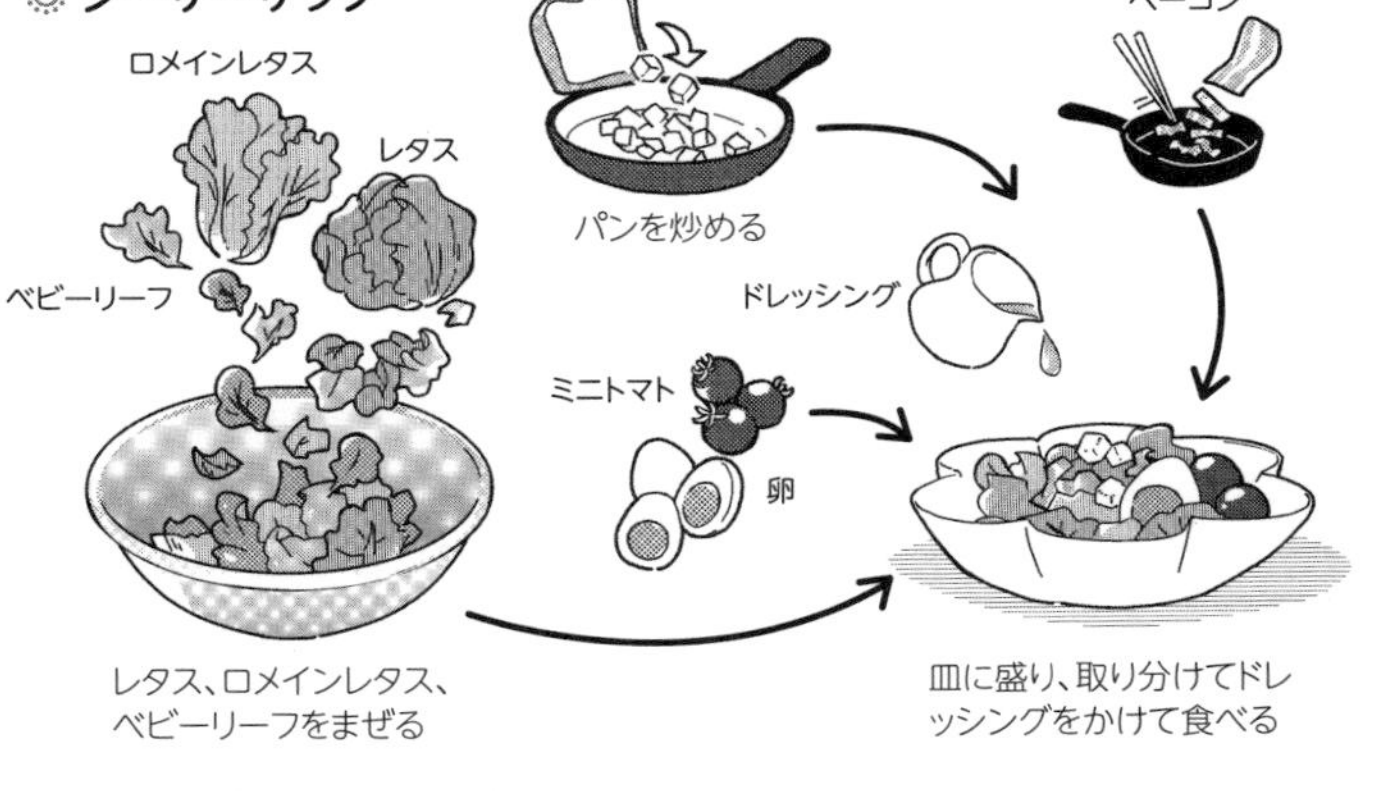

⑤皿に取り分け、ドレッシングをかけて食べる。

◇ラタトゥイユ

切って煮るだけなのでとっても簡単な夏の定番メニュー。赤と黄色のパプリカを入れて彩りよく仕上げるのがコツです。そのまま食べてもおいしいのですが、パスタの具にしたり、カレーに添えたりしてもおいしい、応用範囲が広い便利メニューです。

材料（作りやすい量）

なす……300g
きゅうり……200g
パプリカ（赤・黄色）……各1個
ピーマン……1個
たまねぎ……100g
トマト（完熟）……200g

トマトジュース（無塩）……200ml
塩……6g
オリーブ油……大さじ2

作り方

①なすは1・5㎝幅の輪切りに、きゅうりは1㎝幅の輪切りに、たまねぎ、パプリカ、ピーマンはそれぞれ一口大の乱切りにする。トマトはざく切りにする。

②フライパンにオリーブ油大さじ1を熱し、たまねぎ、パプリカ、ピーマンがしんなりするまで炒める。

③トマト、トマトジュース、塩を入れ蓋をして弱火から中火で煮る。

ラタトゥイユ

④別のフライパンに残りのオリーブ油大さじ1を熱し、水気を切った①のなすときゅうりを炒める。

⑤③の汁気がほぼなくなり、とろみがついたらなすときゅうりを加えて混ぜる。

◇さばの竜田揚げ

私も夫もさばの名産地・大分県生まれなのでさばをよく食べ、子どもたちも小さいころから親しんできました。子どもたちが一番好きなさば料理が竜田揚げでした。さばに片栗粉をまぶしてカラリと揚げるだけ。お惣菜やお弁当にも適した一品です。

材料（2人分）

さば（3枚におろしたものの片身）……1枚

貝割れ菜……適量

つけ汁

酒……大さじ1

しょうゆ……大さじ1
おろししょうが……小さじ1
片栗粉……適量
サラダ油……適量

作り方

① さばは一口大のそぎ切りにする。
② 酒、しょうゆ、おろししょうがを混ぜた中に①を20分ほど漬ける。
③ 鍋にサラダ油を約170℃に熱し、片栗粉をつけたさばを揚げる。
④ 器に盛り、貝割れ菜を添える。

☼ さばの竜田揚げ

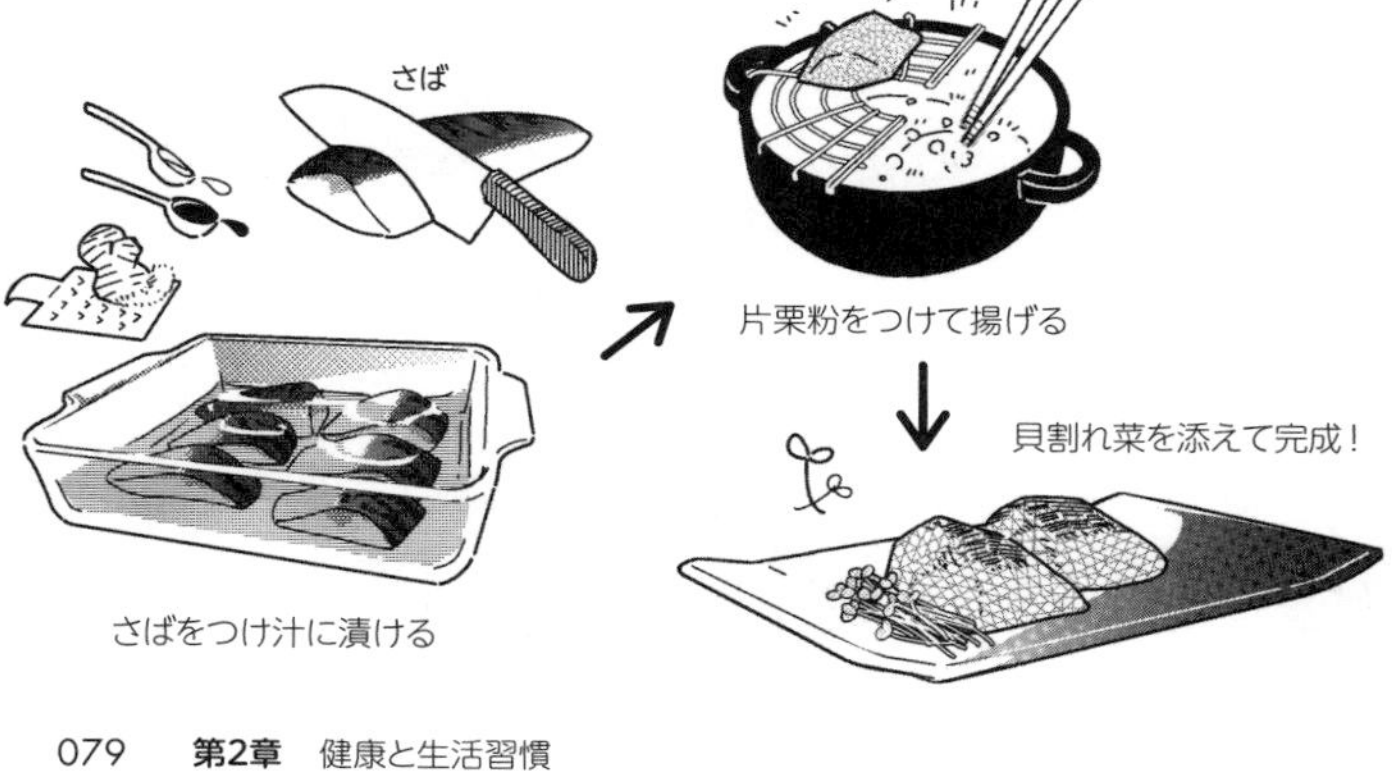

◇肉おにぎり

塾へ行く子どもたちのために、数えられないほどたくさん作った思い出のおにぎりです。ご飯と肉とのりだけの究極のシンプルさですが、ボリューム満点ですぐに食べられ、作るのも簡単なのでおすすめです。味は濃いめにするのがポイント。豚肉は小さめに切ると食べやすくなります。ガスコンロがあるご家庭はのりをちょっと炙《あぶ》ると香りが増しておいしくなりますよ。

材料（1個分）
豚肉（赤身の多い薄切り肉・牛肉でもＯＫ）……適量
焼肉のたれ（市販品）……適量

肉おにぎり

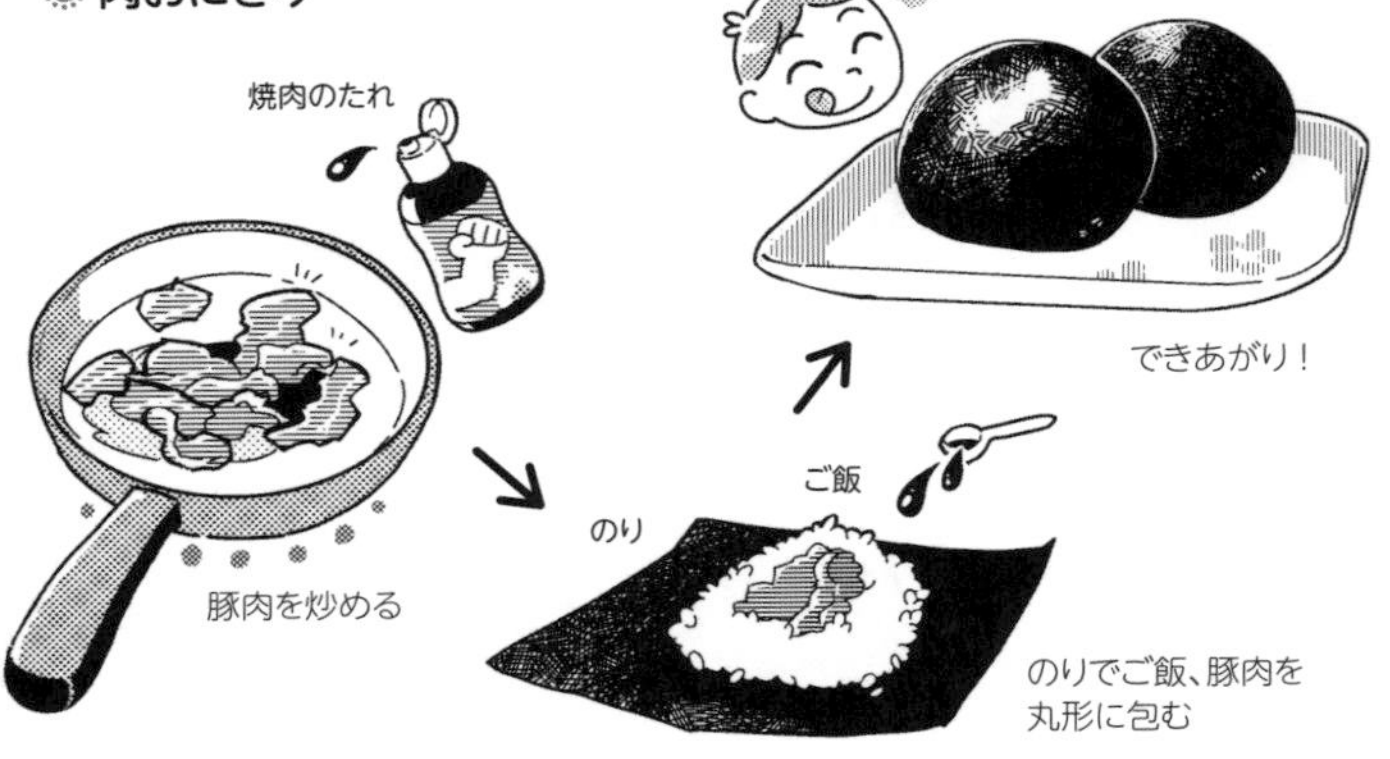

サラダ油……適量
のり（全形）……1枚
温かいご飯……適量

作り方

①豚肉は食べやすい大きさに切る。フライパンにサラダ油を入れて熱し、豚肉を炒め、色が変わったら出てきた油を拭き取る。焼肉のたれを多めに入れて煮詰めるように味をつける。
②のりにご飯をのせ、まん中に肉をのせ、たれを少しかけて丸形に包む。

◇かぼちゃのマフィン

お菓子もよく作りました。その中から最も簡単にできる混ぜて焼くだけのマフィンを紹介します。無塩バターなどのお菓子作りにしか使わない材料は使わず、家にある材料で作れるマフィンです。ここでは分量を書いていますが、実はレシピを見ずに目分量で作っていました。何回も作って分量と生地のだいたいのやわらかさがわかれば、失敗せずにちゃんと焼き上がるのがこのレシピのいいところです。かぼちゃの皮も全部取らずに少し残っているぐらいでも大丈夫ですよ。

材料（マフィンカップ8個分）

かぼちゃ（種と皮を取ったもの）……200g
薄力粉……100g
ベーキングパウダー……1袋（4g）
グラニュー糖、上白糖、きび砂糖など好みの砂糖……100g
マーガリン……40g
卵……2個

かぼちゃのマフィン

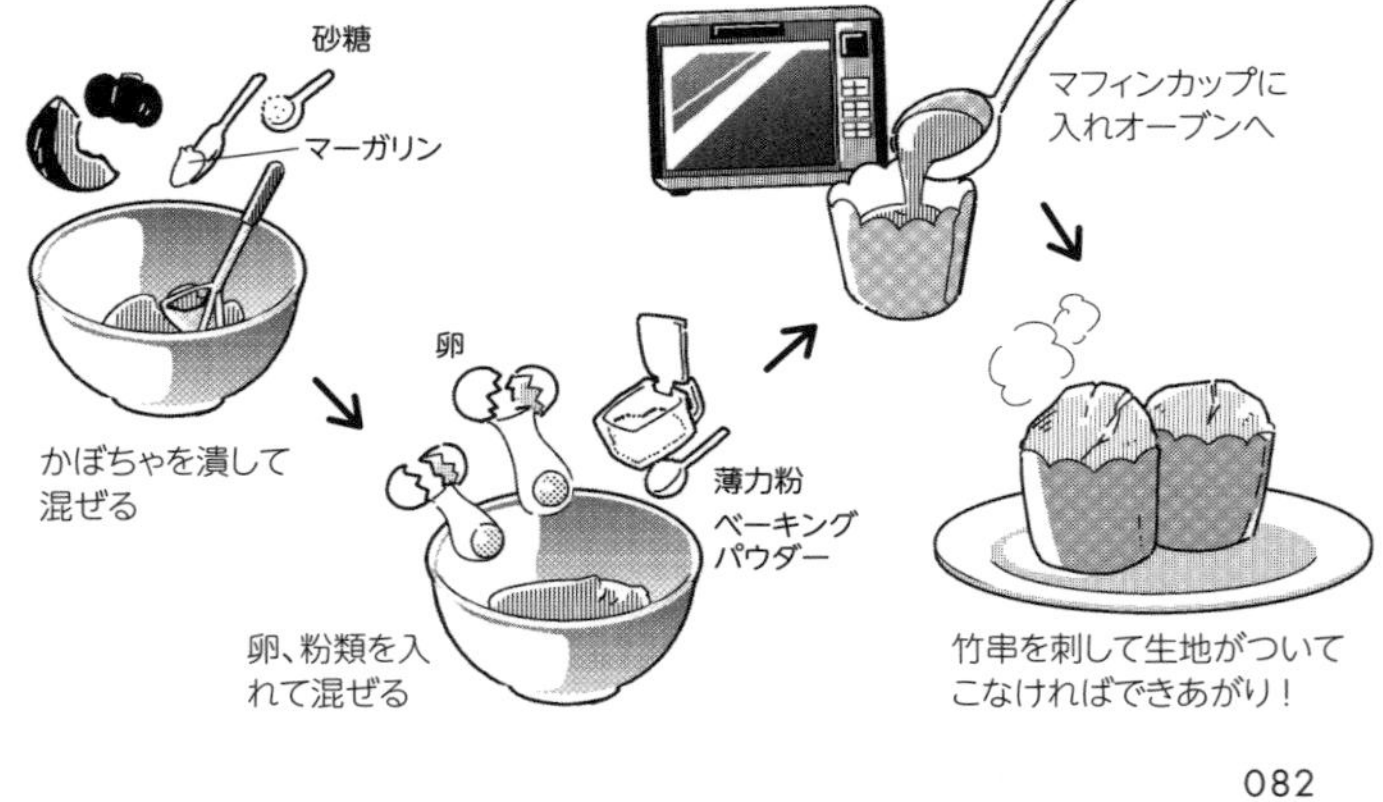

作り方

①かぼちゃは、ラップに包んでレンジで加熱する。皮は、少し残してもいい。ボウルに入れスプーンなどで潰す。

②オーブンを180℃に予熱しておく。

③①にマーガリンを入れて混ぜ、砂糖を入れてさらに混ぜる。

④卵を1個ずつ割り入れて混ぜる。薄力粉、ベーキングパウダーを入れて粉っぽさがなくなるまで混ぜる。

⑤生地をマフィンカップ8分目ほどまで入れ、オーブンで20〜25分焼く。竹串を刺して生地がついてこなければできあがり。

第3章

勉強と成績

穏やかに、揺るぎなく、根気よく
～産院の看護師さんから「教える」極意を学びました

4人の子どもたちの勉強をサポートした私が、教えるということはどういうことかを実感した思い出があります。

結婚して長男を出産したものの、私は母になるということがどういうことかよくわかっていませんでした。

出産後、子どもの顔を見てやっと「案外かわいいじゃない」と思うような、ふわふわした母親だったのです。

独身気分が抜けていなかったので、爪を少し伸ばしてマニキュアをしていました。

初めての育児で不安だった私は1か月に1回、出産した病院に長男を連れて健診に行っていました。

すると、看護師さんが私の爪を見て、

「佐藤さん、赤ちゃんを傷つけるといけないから爪は切ってくださいね」

と言って爪切りを渡してくれました。その場で爪を切るのですが、かなり短くしても、

「もう少し切ってくださいね」

と言って、深爪になるギリギリまで爪を切らされるのです。

爪はなるべく伸ばしておきたいと思っていても、短くなるまで許してくれません。まだ若い、もしかすると当時の私と同じぐらいの年齢の看護師さんでしたが、私にとってはまるで学校の厳しい生活指導の先生のような印象でした。

そのようにして産院で爪を切るのですが、また翌月の健診になると私はいつでもマニキュアができるように、少し伸ばした爪で行きました。すると、また看護師さんが爪切りを持ってきて、

「佐藤さん、爪を切ってくださいね」

と言ってその場で爪を切らされます。

そのとき私は心のどこかで、その看護師さんの厳しさに対して少しだけ「えっ？　また？」と反抗心を持っていたかもしれません。

そしてまた翌月も同じことが繰り返されました。

それが３～４回続いたときにやっと、「爪が長いと子どもにとっては危険なんだな」ということを理解しました。ようやく腑《ふ》に落ちたということだと思います。

子育てとは爪一つにも心を配らないといけないもので、「中途半端ではいけないんだ」という覚悟が決まった瞬間でした。それ以来、４人の子どもを育てる間中、私は爪を伸ばしていません。

その看護師さんは**私が母になるよう育ててくれた人の１人だと思って感謝しています。**


そして、この体験を通して、「教える」ということはどういうことかも学びました。

「爪を切ってください」と言葉だけで伝えることは簡単です。母親が爪を切らなくてもその看護師さんに責任はありません。

しかし、実際に爪切りを持ってきて、その場で切り終わるまで見守ることが本当に教えるということなのです。１回教えたのにもかかわらず、私のように「は～い、わかりました～」と答えて次の月にまた爪を伸ばして来る母親もたくさんいたと思います。そこであきらめずに、繰り返しできるようになるまで指導するのは、「赤ちゃんを傷つけないためには母親が爪を切ることが大切だ」という信念と責任感と母子への愛情がなくてはできないでしょう。

私は今でも目がくりくりしてかわいらしいその看護師さんの顔を覚えています。

爪切りを持って私のところに来て「切ってくださいね」と言う看護師さんのやさしいけれど、どこか毅然《きぜん》としている表情を思い出す度に、「あれは最高の指導方法だった」と感謝しています。

子どもの勉強を見るのも同じです。

「勉強しなさい」と口で言っても子どもは勉強しません。かつて何回言われても爪を切らなかった私のように、「は～い、わかりました」と言うだけです。

子どもは1回言われたぐらいでは動きません。少しずつしか変われないのです。

（「勉強しなさい」と言ったら「は～い」と言ってノートを出して勉強して、たちま

ちテストで100点を取ったというのならどんなにいいでしょう）

しかし、実際にそばで見守り、できなかったらできるまで繰り返し穏やかに根気よく教えれば、いつか子どもは「勉強はしないといけない」ことを理解し、机の前に座って勉強します。時間はかかっても必ず成績は上がっていきます。

穏やかに、揺るぎなく、あきらめずに根気よく伝える……それが子どもの勉強を見るということです。

やる気スイッチより「楽しさスイッチ」

「うちの子、勉強しなくて。どうしたらやる気になりますか」

という質問を何度受けたことでしょう。やる気スイッチを押すと子どもが急に勉強しだすというテレビコマーシャルがあったためか、何かちょっとしたきっかけがありさえすれば子どもは机に向かって意欲的に勉強しだす……というイメージを描いている保護者が多いようです。

しかし、それはかなわない夢であることもわかっていらっしゃるのではないでしょうか。今まで勉強の習慣がなかったのに、急に勉強しだすのはドラマや物語の中での話、またはごく稀な例ではないかと思います。

ただ、1つだけスイッチがあるとしたら、それは「勉強は楽しいんだ」と体感することからパチンと入るのではないかと思います。人はやって楽しいことには一生懸命になれて飽きることがありません。大人も同じですが、人は楽しいと思うことには誰かに強制されなくても自然と自分でスイッチを入れるものです。

「勉強は楽しいんだ」と思うきっかけを作れば、その都度言わなくても自然に勉強を始めます。

ですから親の仕事は「楽しさのスイッチを作ること」なのです。

楽しさ作りの1番目は「とりかかりやすさ」を考えることです。

勉強の一番高いハードルは「とりかかり」です。

たとえば、5歳ぐらいの子どもにとって大きなサイズのドリルはそれだけで恐怖を感じて尻込みしてしまいます。小学校1年生にとって、とても小さく文字も小さい問題集は難しそうに思えて書き込むことを躊躇《ちゅうちょ》してしまいます。

一番適しているのが小学校のテスト用紙の大きさ（Ｂ４判）です。１０２〜１０３ページで１けたのたし算プリントを作る方法を紹介しますが、これもＢ４判が適しています。

また、難しすぎる問題を与えているととりかかりにくくなります。難しい問題をやっと解いて満足感を覚えるのはだいぶ大きくなってから。難しいとわかっていることにはなかなか前向きに取り組むことはできません。

勉強する前に、筆箱の中を触っていたり、なかなかノートを開かなかったり、机に向かったかと思うと冷蔵庫を開けてみたりするなら、勉強の難度がそのお子さんに適しているかを見てあげ、難しすぎる場合はレベルを下げてすらすらできる内容にしましょう。すらすらできるなら楽しく勉強でき、次のステップに意欲的に進むことができます。

〝勉強は机の前に座ってする〟常識も捨てたらいいでしょう。わが家ではリビングに冬にはこたつになる座卓があり、夕飯が終わると子どもたちはそこに座って問題集を

郵 便 は が き

お手数ですが、
切手を
おはりください。

1 5 1 0 0 5 1

東京都渋谷区千駄ヶ谷 4-9-7

(株) 幻 冬 舎

書籍編集部宛

ご住所 〒

都・道
府・県

フリガナ
お名前

メール

インターネットでも回答を受け付けております
https://www.gentosha.co.jp/e/

裏面のご感想を広告等、書籍の PR に使わせていただく場合がございます。

幻冬舎より、著者に関する新しいお知らせ・小社および関連会社、広告主からのご案内を送付することがあります。不要の場合は右の欄にレ印をご記入ください。

不要 □

本書をお買い上げいただき、誠にありがとうございました。
質問にお答えいただけたら幸いです。

◎ご購入いただいた本のタイトルをご記入ください。

『　　　　　　　　　　　　　　　　　　　　　　　　』

★著者へのメッセージ、または本書のご感想をお書きください。

●本書をお求めになった動機は？

①著者が好きだから　②タイトルにひかれて　③テーマにひかれて
④カバーにひかれて　⑤帯のコピーにひかれて　⑥新聞で見て
⑦インターネットで知って　⑧売れてるから／話題だから
⑨役に立ちそうだから

生年月日	西暦　　　年　　　月　　　日（　　　歳）男・女			
ご職業	①学生	②教員・研究職	③公務員	④農林漁業
	⑤専門・技術職	⑥自由業	⑦自営業	⑧会社役員
	⑨会社員	⑩専業主夫・主婦	⑪パート・アルバイト	
	⑫無職	⑬その他（　　　　　　　　）		

ご記入いただきました個人情報については、許可なく他の目的で使用することはありません。ご協力ありがとうございました。

広げていました。ときには寝そべって問題を解いていることもありました。私は「机でしなさい」と言ったことは一度もありません。勉強の場はどこでもいいと思ったからです。

子どもたちは座ったり寝そべったりして問題を解いていますが、そのうちに本気モードになるのか気分転換なのかわかりませんが、机に移動して勉強を始めていました。もちろんそのまま座卓で勉強しても寝そべったままでもかまいません。

また、ドリルにシールを貼ったり、きれいな色のマーカーでラインを引いたり、あるときは鉛筆ではなく、クレヨンや色鉛筆で答えを書いてもいいことにしていました。

家ではそれができるので子どもたちは大喜びします。学校ではできない、家庭学習ならではの楽しみです。

◎絵本を1万冊読み聞かせる目的は、言葉を体に入れること

これまで何回も、「3歳までに絵本を1万冊読み聞かせする」ことを提唱してきま

した。講演などでお目にかかる方から、「私も1万冊読み聞かせています」と言われるのはうれしいことです。ただ、1万冊という数字が独り歩きをしてしまっているような気がするので、ここでもう一度、その目的と方法を紹介しておきます。

絵本を読み聞かせする目的は、言葉を子どもの体に入れることです。人は他の動物と違って言葉を使って考え、コミュニケーションを取って生活します。子どもは耳に入った言葉をすぐに話すことはできませんが、**自分の耳に入った言葉しか口から出すことはできません。**人は聞いたことのない言葉で話すことはできず、聞いたことがある言葉でのみ話し、考えるのです。

お母さんはお子さんが生まれてすぐから、抱っこして散歩しながら、「空が青いね」「寒くなってきたね」などと話しかけます。そのとき子どもの反応はないのですが、言葉は耳に入り脳に蓄積されてやがて言葉となって出てきます。

私は**言葉の多い子どもほど物事をしっかり考えることができる**と思ったので、なるべくたくさん読み聞かせをして言葉を耳に入れようと思ったのです。

1万冊という数字は、夫が「司法試験は1万時間勉強したら合格すると言われている」と言ったのを聞いて、1万という数字には意味があると思ったからです。また、長男が生まれた時期、私は家で子どもと1対1で過ごしていて、ただ1日が過ぎていくことに多少の不安を感じていました。そんな生活に具体的な目標になるものが欲しかったので1万冊という数字を設定したのです。

ちなみに1万冊というのはのべの数字で、1万種類の本を読み聞かせることではありません。同じ本を10回読んだら10冊と数えていいのです。

このようにして言葉の力を育てると国語力に繋がります。どの教科も国語の力が基になるので語彙《ごい》の多さは学力の基になると思います。

童謡で育つ感性

本の読み聞かせとともに、童謡を歌って聞かせていました。童謡とは子どもが歌うために作られた歌のことで、教科書にのせるために作られた唱歌やわらべ歌などがあります。私は小さいころ、母に童謡を歌ってもらっていました。私が母になったら子どもに童謡を歌ってあげようと思っていたので始めたのです。

これも絵本と同じように3歳までに1万曲を目標にしました。最初はくもんの「母と子のうたカード」と別売りのカセットテープを購入して車の中でかけて子どもたちに聞かせ、次に童謡を集めた本を買って、その中から気に入った曲の歌詞カードを作ってそれを見ながらアカペラで歌いました。現在は、「CD付き童謡カード 1〜3」（くもん出版）などがあるようです。最近書店で見ましたが、イラストが昔のままで懐かしかったです。

絵本の読み聞かせは子どものそばにいなくてはいけませんが、童謡を歌うときは子どもが少し離れた場所で遊んでいても歌うことができます。遊びに夢中になっていても、耳には届いていますから大丈夫。子どもが聞いているのか聞いていないのかわからなくても、親が歌って楽しければいいと思います。

最近ではスマホに歌のアプリがあるようですが、大事なのは親の肉声で歌うことです。歌手の方の声はあまりにも上手すぎるせいか、なぜか子どもの耳を通り過ぎてしまうようです。下手でもいいので親の肉声で歌うと子どもの心に響くと思います。

童謡が作られた時代の言葉と現在使っている言葉は違う場合もあるので、小さい子どもたちには理解できない言葉が使われているかもしれません。また、昔と今では生活様式が違うので歌詞の意味がわからない部分があるかもしれません。でも、童謡が今の時代にはそぐわないとは言えないと思います。それは童謡に込められた感性は今も昔も不変だと思うからです。

童謡には春は小川のせせらぎの音を聞き、初夏には稲の苗を植え、秋になると紅葉が真っ赤になり、冬は雪が降る情景が歌われています。成長した後にふるさとを思い出す感情は時代を問わず不変です。小さいときには何も感じなかったとしても、大きくなったときに紅葉を見て、「本当に真っ赤だな」としみじみと感じ、曲を理解することがあると思います。童謡を歌うことはその基盤を作ることです。

童謡の歌詞には含蓄があります。そして一つひとつの言葉に深みがあり品格がありますす。その歌詞がメロディーにのせて歌われるので頭に残りやすいのだと思います。

読書は人の器を深くする

なぜ、絵本を読み童謡を歌うのでしょう。

それは、読解力をつけて受験でたくさん点数を取るため……ではありません。人の器を大きく深くするために絵本を読み、歌を聞かせるのです。

時々、若い人のツイッターやブログなどＳＮＳにアップされた文章を読むことがあります。何らかの物事に対して自分が賛同した場合、たやすく「神！」などと表現します。反対に賛同しない事柄に対しては酷《ひど》い言葉で批判します。感情の振れ幅が大きく、小さなことで感情が荒立つようです。たとえて言えば、浅い洗面器に水を張ってちょっと揺らしただけで表面が大きく波立ってしまうようなものです。

物事は善か悪か、白か黒かはっきり区切られるものではなく、その間に無限のグラデーションを持っています。心の中に持つ器を大きくして、物事を深く考え表現する人間に育てたいものです。それが教養というもので、教養は本を読むことで育てることができますから小さいころから、吟味されて含蓄のある言葉で書かれた絵本や童謡に触れることが大切だと思います。

お子さんと一緒に絵本を読んだり、童謡を歌うことでお母さん自身も再発見することが多いのではないでしょうか。

すべての基礎は、1けたのたし算です

小学校の学習で子どもが習得しなくてはいけない分野はたくさんありますが、算数で言えば、1けたのたし算が基本中の基本だと思います。

引き算が苦手なお子さんはたし算ができていないからです。
九九、かけ算、わり算、文章題、いえ、中学校にかけての学習の基礎でもあると私は考えています。
小学校1年生から2年生までに、1けたのたし算がすらすらとできるようにしておいて損はありません。

いろいろな方法がありますが、算数が苦手な親でもできるのが次のような計算練習

です。これは、わが家の子どもたちが幼稚園生のころにくもんの先生からいただいたプリントを基にして私が考えた計算練習プリントです。

《1けたのたし算プリントの作り方》

①Ｂ４の紙を1枚用意する

Ｂ４サイズの紙（コピー用紙など）を1枚用意します。Ｂ４サイズはテスト用紙と同じ大きさです。子どもにとってこの大きさが書きやすく見やすいサイズだと思います。

②1けた＋1けたのたし算に＋10も入れて１００問書く

ここに、1＋1から10＋10までのたし算の問題をシャッフルして書いていきます。手書きでもいいし、ワードなどでパソコンで打ってもいいでしょう。＋10を入れるのは、＋10のたし算は簡単で子どものサービス問題になるのと、＋10のたし算をすると十進法のしくみが理解できるためです。

○書く順番は自由ですが、「子どもの力を試してやろう」と思わず、あくまでもお子さんに対する愛情を持って並べましょう。

たとえば、７＋８などの難しいたし算を最初に出さないでください。子どもはそこでめげてしまいます。**子どもが勉強を始めるときはとっかかりが苦手なもの**です。でも、最初にやさしい問題が見えていると元気に問題に向かえます。ですから最初には３＋１や、２＋２など、答えやすい問題を出してあげましょう。

しばらく解いて、「疲れたな」と思うころに１＋１などの「超やさしい問題」を入れておきましょう。子どもにとって癒しになり、また先に進むことができます（これが愛のある出題です）。１０２〜１０３ページに例題をつくってみましたので、参考にしてください。

○問題には必ず＝も入れてあげてください。＝をいちいち書くのは子どもにとって面倒だし、時間のムダです。

2 + 10 =
9 + 6 =
3 + 4 =
7 + 2 =
5 + 8 =
3 + 7 =
2 + 6 =
9 + 4 =
8 + 7 =
9 + 2 =
1 + 2 =
9 + 10 =
7 + 7 =
5 + 1 =
3 + 9 =
5 + 5 =
2 + 8 =
9 + 3 =
6 + 10 =
4 + 9 =
2 + 4 =
5 + 3 =
6 + 8 =
4 + 7 =
1 + 9 =

5 + 2 =
1 + 10 =
9 + 8 =
6 + 6 =
7 + 10 =
3 + 5 =
2 + 9 =
10 + 8 =
6 + 7 =
4 + 3 =
8 + 1 =
7 + 9 =
4 + 2 =
5 + 6 =
10 + 3 =
7 + 1 =
8 + 9 =
4 + 6 =
5 + 10 =
2 + 7 =
1 + 3 =
10 + 4 =
8 + 5 =
1 + 7 =
6 + 3 =

☼ 1けたのたし算

$2 + 1 =$

$3 + 3 =$

$9 + 1 =$

$2 + 2 =$

$3 + 1 =$

$5 + 4 =$

$7 + 3 =$

$1 + 8 =$

$1 + 4 =$

$6 + 9 =$

$10 + 7 =$

$9 + 5 =$

$8 + 4 =$

$5 + 9 =$

$8 + 6 =$

$10 + 1 =$

$4 + 5 =$

$1 + 6 =$

$9 + 7 =$

$8 + 2 =$

$6 + 2 =$

$4 + 10 =$

$6 + 5 =$

$8 + 3 =$

$10 + 2 =$

$4 + 1 =$

$7 + 6 =$

$8 + 10 =$

$4 + 4 =$

$2 + 5 =$

$1 + 1 =$

$7 + 8 =$

$6 + 1 =$

$10 + 5 =$

$7 + 4 =$

$8 + 8 =$

$5 + 7 =$

$2 + 3 =$

$10 + 9 =$

$3 + 8 =$

$7 + 5 =$

$3 + 10 =$

$9 + 9 =$

$1 + 5 =$

$3 + 6 =$

$10 + 10 =$

$6 + 4 =$

$3 + 2 =$

$10 + 6 =$

$4 + 8 =$

③同じ問題を繰り返す

この用紙を50枚ほどコピーします。宿題が終わった後でも、夕飯の前でも、お休みの日でも折をみて、子どもが疲れていないときに解いてもらいます。すらすらと流れるように解けるようになるまで練習しましょう。

すらすら解けるというのはどのような状態かというと、**鉛筆が最後まで止まらずに動いて、全問正解という状態**です。

「同じ問題だと覚えてしまって勉強にならないのでは」と思う方がいるかもしれませんが、この練習の目的は「覚える」ことなので、それでいいのです。「暗記する」ことに罪悪感を覚える人は多いようですが、**暗記があってこそ、応用がある**のです。

計算が苦手なお子さんに、

「たし算の練習しようか」

と言うときっとビクッとしていやがるかもしれませんが、この方法だと最初の1～5問目ぐらいまでは見慣れているのですらすらと解け、次にいく意欲が湧いて、

元気を保ったまま最後まで続けられるのです。コピーして同じ問題を解くのは学習を始めるハードルを下げるためでもあります。

そして、もし、中学生のお子さんがいて数学の成績がはかばかしくなくて悩んでいるというような場合も、この１けたのたし算１００問の習熟に戻って復習してください。

中学生になっても小数のわり算ができない生徒が現実にはいるものです。それは小学校のどこかの段階で習熟しないで進んできたためです。原点に戻って復習するのが結局は成績を上げる近道です。

計算力を上げるために問題を解いて力を鍛えることは大事です。

しかし、子どもに苦しみを与えて鍛えようとするのではなく、やさしい問題を最初にもってくるなどして楽しんで練習できるようにしてあげたいものです。

100問が大変な日があります。運動会の練習があった日、とても暑かった日など体力を消耗している日はお休みしましょう。半分だけするのもいいかもしれません。

漢字は教科書準拠問題集を利用して文章の中で覚える

小学校の勉強で大事なのは「読み・書き・計算」です。これは江戸時代に寺子屋で教えた基礎学習「読み・書き・算盤《そろばん》」以来、変わらない勉強内容です。

小学校では「読み・書き」のうち、漢字を覚えることが主要になります。漢字の家庭学習はどのようにすればいいのでしょうか。

漢字はそれだけで覚えても意味がわからないと使えません。学校で、同じ漢字を10回書く宿題が出ることがありますが、それは書写と同じで上手に字が書けるようになるだけで、子どもはその漢字がどのように使われるかがわかりません。

ではどうしたらいいかと言うと、教科書に準拠した問題集を複数冊買ってきて、覚えるまでするのです。1冊購入してコピーするという方法がありますが、教科書準拠問題集は1冊800円程度、コピーする手間と時間と費用を考えたら、何冊か買った方が早いと思います。

漢字の書き方と意味はこの問題集を数回解けば身につきます。1けたの計算と同じように、同じものを数回繰り返して覚えるのがポイントです。親は違う問題集で目先を変えたり、前よりレベルの高い問題集で子どもの学力を上げようとしがちですが、目的は漢字を覚えることなので、同じ問題集を繰り返した方が子どもは安心して、早く覚えることができます。

◎「あともう1枚」をやらせるのは勉強嫌いになるだけ

小学1年生なら生まれてからまだ7年しかたっていません。ついこの前生まれたばかりなのです。大人は長く生きてきていろいろなことを知っているのですでに知っていることをバージョンアップして知見を増やすことができますが、子どもは白紙状態に近いので学習内容は何回も繰り返さないと習得できません。すぐに忘れるものなので、忘れたことを叱ってもしかたありません。

「うちの子はいい加減で」と嘆く保護者がいますが、それは性格なのでこれも叱ってもしかたありません。長い人生の間には、そのいい加減さがプラスになることもあります。

また、「勉強はどれぐらいしたらいいのですか」と時間を聞かれることがありますが、時間がかかる子とかからない子がいるので一概には言えません。わからなければわかるまでするしかないのです。

まず、「読み・書き・計算」は基礎なのでそれは習得しておきましょう。その後、応用問題に向かうことになりますが、それは本人の能力次第の部分があります。

基礎学力をつける

↓

応用問題（能力次第で行けるところまで）

日ごろの家庭学習では、すらすら解ける問題を中心に、少し考えながら解く問題を入れ、本人が楽しんで勉強できる量と時間を考えてください。それ以上は子どもの苦痛になり勉強嫌いにするだけです。

その日に決まった量が済んだら遊ばせてください。その日の勉強が早く終わったときにお母さんが言いがちなのは、「終わったならあともう1枚やって」です。せっかく勉強が終わったのに自由にならずにまた勉強を強いられる——それは子どもを勉強嫌いにするだけです。

◎小学校～高校の成績を上げるには

保護者の方から、「学校の成績を上げるにはどうしたらいいですか」とよく聞かれます。

私は小学生の成績を上げるのは比較的簡単だと思っています。

まず、算数に関しては計算力を上げることです。

先に紹介した「1けたのたし算」の習得から始め、九九、大きな数、小数、分数、割合、面積、体積の計算をしっかり身につけることです。

よく保護者の方がお子さんの学力を、「できています」「理解していると思います」とおっしゃいますが、本当にできているのか、完成度を確かめてみてください。「理解している」ということはたとえば、小数÷小数の計算なら、すらすらと迷いなくできるのが理解しているということです。5年生で習った小数÷小数の計算を6年生になって忘れてしまっている状態なら、5年生で理解できていたとは言えません。自転車を漕《こ》ぐことは体で覚えるので何歳になってもできますが、その体得しているレベルで理解するまで繰り返すのが、本当に理解しているということです。6年生で5年生の計算のやり方を忘れている場合は、練習数が不足しているので、戻って復習しましょう。

国語なら、漢字が送り仮名も含めて書けるようにすることが基本です。国語が苦手な子どもは文章を読むのを避けたがる傾向にありますが、そんなときは、保護者が教科書を読んであげればいいと思います。私は学年の初めに教科書が配られると、その中のおもしろそうな物語や説明文などを読み聞かせていました。だいたいどんなことを勉強するのかがわかれば、怖気づかずにその単元に入っていくことができます。

社会や理科は、学校での進度に従って教科書に準拠した問題集を解けば理解できます。

中学から高校までの勉強は中間試験、期末試験を中心に考えます。公立の高校を受験する生徒は、内申点の割合が高い場合、レポートや課題の提出を疎《おろそ》かにしないようにします。漢字や英単語の小テストも、きちんと準備して受けます。

中間・期末試験は約2週間前から準備するとラク。時間がかかる暗記科目、苦手科目から始めると時間不足になることがありません。

18歳で大学受験は必ずやってきます

現在のお子さんの年齢に限らず、心に留めておいてほしいことは、18歳で必ず大学受験はやってくるということです。もちろん、今後、日本で大幅な学制改革があるかもしれませんし、海外で学ぶ機会があり現在のような大学受験を経験しない可能性もあり、大学進学をしない選択をする場合もあると思いますが、この本を手に取ってくださった方のお子さんは大学受験をするという前提でお話ししています。

もし、今20歳の人がいるとして、18年後、38歳のときにどういう暮らしをしているかの推測はなかなかできません。30歳の人が48歳になった姿もなかなか予測できませんね。

しかし、0歳の赤ちゃんは6年後に小学校に行き、12年後は中学に行き、その3年後は高校に進学することは確実にわかっています。さらに細かく言うと、小学校で1けたのたし算を習った翌年には九九を習い、3年になると小数と分数を習うこともわかっています。

つまり、**生まれてからの18年間は何をするかがはっきりわかっている期間**です。

ですから、高校3年になってから慌てて受験勉強を始めるよりも、小学校の時期から学ぶことを着実に習得して蓄積がある状態で大学受験を迎えた方がラクなのは間違いありません。合格に必要な学力を１００としたら、それを1年で習得するのと、12

年で習得するのでは負担がまったく違うからです。

食事作りにたとえてみましょう。夕飯を作ろうと思ったときに、何も用意がないなら慌てるし、作るのが億劫《おっくう》になりますが、ねぎが切ってあったり、ほうれん草がゆでてあったりするだけで安心できます。もし、作り置きした一品があればもっとラクでストレスなく食事の用意ができますね。作り置きした一品を受験勉強にたとえれば、「1科目ならなんとなく仕上がっている」状態を言います。

高校3年になって英単語がほぼわかっている、漢字が得意、過去問を解いてみたらいい感じで解けた……などの状態に近づけるように、保護者は小学校1年からの勉強を積み上げるサポートをしてほしいと思います。

通知表やテストの点数に左右されない

学校でテストが返ってくるときに、親にどう伝えるか悩むお子さんがいると聞きました。

「数学は１００点だったけれど、社会は60点だった。家でお母さんにどっちを先に見せようかな」と思案するそうです。最初に１００点を見せて喜ばせて、60点を見せて怒りを小さくしてもらうか、先に60点を見せた後、「でも数学は１００点よ」と見せて喜んでもらうか、どちらがその場を穏便にすませられるのか、かなり悩むらしいです。

皆さんはどう思われますか？

私は子どもがおびえながらテストを持って帰ってくる状況を作りたくありませんでした。それは、テストの点数をそれほど重視しなかったからです。テストの点数を見て子どもを叱っても60点が70点になるわけではありません。そもそも「勉強しなさいよ」と声だけかけてサポートせず、点数という結果だけを見て叱るのは意味がありません。

子どもが「テスト50点だったあ」と言って帰ってきたら、「え？　50点？」と大笑いして、テストを見せてもらって「ここ、惜しかったね～。ここが正解ならあと5点アップだったね」などと言い合える関係でありたいと思います。

一度、うちの子の誰だったかが国語のテストで点数が悪かったことがあり、比較的読めばわかるような問題が答えられていなかったので、

「どうして、問題文を読まなかったの」

と聞いたら、

「読んだけど、内容が全然わからなかった」

と答えたので、

「それはしょうがないね」

と言って大笑いしたことがありました。まあ、わからないならしょうがないですね。点数で叱られると子どもは萎縮して次のテスト勉強をするときに、やる気が出ませんし、その科目自体が苦手になることもあるでしょう。「惜しかったねえ」と共感してもらえるなら子どもは次のテストで間違えないように注意して勉強し、「いい点数を取ってお母さんを驚かせてやろう」と奮起するものです。

母と心の交流が持てていて、「お母さんは結果では叱らないもの」という信頼関係があってほしいと思います。

ちなみに私はテストの点数だけではなく、学期の終わりに渡される通知表もほとんど重視していませんでした。

終業式の日に、４人分名前を書いた紙袋を壁に下げておき、子どもたちが帰宅したら、通知表をさっと見て印鑑を押して、それぞれの袋に入れるだけです。一度見てそのまま袋に入れてしまい、夏休み終わりに慌てて印鑑を押したことがあったので必ず終業式の日に押すようにしていました。

よく終業式の日に小学校で通知表を渡されるシーンがニュースで流れ、子どもたちが一喜一憂する姿を見ますが、これほど通知表を重視しなくてもいいのにといつも思っています。

テストで重要なのはテスト勉強

あるお母さんから「漢字の小テストで１００点を取らせたいのですがどうしたらいいですか」と質問されましたので、「１００点じゃなくても別によくないですか？」

と答えたところ、「なんだか気がラクになりました」と喜ばれました。

「１００点じゃなくても別によくない？」と答えたのは、小テストは結果よりもその前の準備、つまり小テストのための勉強に意味があると思うからです。

スポーツにたとえると、日ごろの練習が小テストや模擬試験で、他校との試合が入試本番です。練習試合のために日ごろの練習を怠りなくすれば力がつきますが、いざ試合が始まれば、相手の力量もありますし、試合中はどんなハプニングが飛び出すかわからないので負けてしまうことがあります。日ごろの練習を気を抜かずに真剣にやっていれば、大事な試合はじゅうぶん戦えます。つまり、小テストのために真剣に準備はするけど、間違えたところは次に役立てるという考え方の方が、実力は上がります。

これはわが家の長女も同じことを言っています。娘は以前、浜学園の私の講演会にオンラインで参加したことがあります。浜学園の先生に「塾でのテストはどんなふうに受けていましたか」と質問された娘は、

「復習テストでも模擬試験でも本番の入試のように真剣に受けるかが勝負です。日ごろの小さなテストでもなおざりにしないで真面目に勉強して受けることで、真剣さを

学ぶことができます」

と答えていました。**日ごろのテストを怠りなく勉強して受ければ力になり、その積み重ねが本番の入試に生きるのです。**テストは結果よりも準備が大事。結果だけ見て一喜一憂しない覚悟が必要です。

娘は、中学受験を通して良かったことを問われ、

「母は試行錯誤を繰り返しながら、楽しんで解決策を模索していたように思います。もちろん、最初から正しい方法を知っていたわけではありませんし、本当にその方法が正しかったのかも今となってはわかりません。私は母が問題集を切り貼りして作ってくれたノートを開きもしなかったこともだってあります。それを見た母は怒るのではなく、自分の工夫が足りなかったかと笑い飛ばし、またすぐに新しいやり方を試していました。受験生時代を振り返ると、もう一度受験したいとは到底思えませんが（笑）、多くの人に支えられ、楽しくて幸せな12年間だったと心から思います」

と言っていました。また、「母はテストの点数が悪くてもどんと構えていてくれたことがありがたかったです」とも言っていました。それを聞いて、私はうるっとして

しまいました。

「詰め込み教育」は必要！

先ほど、暗記することに罪悪感を覚えることはないとお話ししました。

暗記と同じぐらいに世間から嫌われているのが「詰め込み」です。

かつて人々は知識を習得したり、暗記することを中心にした教え方を「詰め込み教育」と呼んで嫌いました。確かに、断片的な知識だけを記憶させて試験で評価するだけの教育には弊害があると思います。

しかし、脳には限界があるので無限に知識を詰め込むことはできません。たとえば『広辞苑』1冊をまるごと記憶することはできません。

しかし、五十音、漢字、熟語などの**言葉の基礎を覚えれば、それらを組み合わせたり関連づけたりして理解し、知らない言葉に出合ったときも、予測して理解することができます。**

日本全国の地理をまるごと頭に入れることはできませんが、県名と県庁所在地、山地山脈、主要な鉄道網などの基礎的な知識があれば、ニュースで何か出来事が起きたことを知ったときにどこで起きたのか、どのような影響があるのかを把握することができます。

基礎的な知識がなく、○○県がどこにあるのかも知らないのなら何を見聞きしても理解できませんから、まずこれらの知識を詰め込まないと何も始まりません。

この本で繰り返し重要だとお伝えしている1けたのたし算も、詰め込んで体に沁《し》み通るレベルまで練習しないといけないのです。

詰め込み教育は型にはまった人間をつくると批判されますが、**型にはまることもできない人間が、型からはみだした発想ができるわけがないのです。**

一度、オーソドックスな知識や考え方をしっかり身につけ、それを基盤にした応用力をつければ、新しい考え方や発想が生まれるのではないでしょうか。ですから、まず基礎的な知識はどんどん詰め込んでいただきたいと思っています。

プリント、塾、学校はカンで選ぶ

子どもたちが出合うプリントや塾、学校選びは気を遣いました。

○プリント

最初にくもんのプリントを手に取ったとき、やさしい問題からだんだん難度の高い問題に移行するという子どもへの愛情が感じられる内容に魅せられました。それと同時にプリントのデザインにも惹《ひ》かれました。

まず、プリントの判型です。子どもは小さいですからいきなり大きな紙を渡されて問題を解くように言われるとそれだけでおびえてしまいます。ある程度の大きさがあり子どもが見やすい判型がよいのです。

使われている色も良かったです。市販の問題集で、赤、黄、青、緑とどぎつい感じの原色を使っているものがあります。子どもの目を惹くかもしれませんが、私は好きではないので避けていました。くもんのプリントに使われている色は同じ赤だとしても、なんともいえないいい感じのやわらかな赤色で、見ていて楽しくなる色あいで好感がもてました。

○教室、先生の選び方

学習塾を選ぶときも考えました。全国展開しているようなフランチャイズ方式の教室はテキストや進め方が同じなので、どこも同じかと思われるかと思いますが、やはり運営する先生によって大きな差が出てきます。同じ授業料を払うのですから、共感できて信頼できる先生の教室に入会したいものです。

私はある教室に入塾させようと思い、まず見学してみようと電話をかけたことがありました。今と違ってホームページがある時代ではありませんでした。

「そちらに見学に伺いたいのですが、場所はどちらでしょう」

するとその先生は、電話口で口頭で道案内してくださったのですが、それがあまり要領を得ないものでした。どの道路のどこをどう曲がって目印は何か、どれぐらい進めば着くのかがまったくわかりませんでした。私は、「この先生の教室は止めておこう」と思いました。

人柄の良さそうな先生でしたが、教室を運営していく事務能力というか運営力に欠けている点があり、あまり頼りにはならないと感じたのです。

その後、先生と私の考え方がとても似ているくもんの教室に出会い、子どもたちをその教室に託しました。感銘を受けたのは、最初に、

「佐藤さんはお子さんにどんなことを期待していますか」

と聞いてくださったことです。私が「小学校入学までにひらがなが書け、計算ができるようにしたい」と言うと、

「わかりました。その方向でいきましょう」

と言ってくださり、子どもたちを指導してくださいました。

その先生とは子どもたちが卒業しても交流が続き、今でも音楽の演奏会にご一緒したりしてずっと仲良くしていただいています。どの教室も内容は同じですが、先生によって差が出てくるので慎重に選びたいものです。

その他、今でも能力開発や早期教育を謳《うた》った教室はたくさんあります。

私も一応、パンフレットを見たり、知人に聞いたりしました。

子どもたちが小さいときに流行したのは「科学的に脳を育てる」メソッドで「左脳が大事」とか「右脳こそ大事」と書かれていて、私は「いや、どっちも大事でしょ」と思いながら読んでいました。

私が基準にしたのは、「そのメソッドをしている子どもを見て、親がつらくなるものはやめよう」ということでした。

次々にカードを見て答えさせるメソッドもありましたが、子どもが楽しんでいるのかがわからず、見ている私がなんだか落ち着かない気持ちになったので止めました。

厳しすぎる先生も避けた方がいいと思います。

わが家の子どもたちはバイオリンを習っていましたが、一時期、ピアノも習わせたいと思って知人に聞くと、わが家からは少し遠いものの、とても有名な先生がいると聞きました。電話をかけて見学のお願いをし、子どもを連れて伺いました。

ご自宅で開かれている教室で、そろそろと入っていくとたくさんの生徒さんたちが待っていました。ピアノのある部屋で先生がレッスンしているのが見えるのですが、それはそれは厳しいのです。小さな男の子がピアノを弾いては叱られ、また少し弾いてはものすごい剣幕で叱られています。そばでその子のお母さんと思われる方が身を縮めてその様子を見守っていました。部屋中に緊張感が漂って、私も身を縮めてしまいました。

すると、その様子を見ていた当時4歳の長男が私の腕をつついて、小さな声で、

「ママ、帰ろ」

と言いました。子どもながらにナイスジャッジだったと思います。私は小さくうなずいて、そろそろと静かに後ずさりするように部屋を出て帰ってきました。

後になってその先生が生徒によって態度を変える傾向があることを聞いて残念に思いました。

もちろん、音楽を志すには、安易な気持ちでは上達しないことはよくわかっています。プロを目指すにはあれぐらいの厳しさがないとやっていけないのでしょう。実際、すばらしい演奏家に育っている方もいらっしゃいます。

うちの子たちは演奏家を目指しているのではないのでその先生は合わなかったと思います。時代もあると思いますが、それにしてもわが家には厳しすぎました。

あまりに厳しく指導されると生徒は何をしていいかわからず、ただ叱責されないようにその時間をやり過ごそうとするだけで上達はしないものです。

今は、スポーツにしても音楽にしても、厳しい指導は評価されず、スキルを上げるための練習メニューを作り、休憩も取りながら上達する合理的な方法が模索されています。勉強も同じように、かつては四《し》当《とう》五《ご》落《らく》（睡眠時間を４時間にして勉強すれば合格するが、５時間寝てしまうと不合格になる）などと言われていましたが、現在はたっぷりと睡眠を取ったクリアな頭で集中的に勉強することが合格に近づく道だと言われています。

その後、子どもたちがピアノ教室に通うことはありませんでした。ただ、長女だけはどうしてもピアノを習いたいと言って、別の教室で大学受験間際までレッスンを受けていました。やさしい女性の先生で、わが家の忙しさを理解して指導してくださいました。しかし、１つの曲がある程度弾けるようになると、そこからが厳しく、「この部分はこのように」「ここはこうして」と何度も練習を繰り返し、なかなか次の曲に進めてくださいません。楽譜通りに弾くのではなく、そこから曲を表現する力をつけることを重視していました。この先生のレッスンを通して私も音楽とはどういうものかを学んだように思い感謝しています。

◎暗記した内容はテストが済んだら忘れていい

暗記科目が苦手な子どもは、社会や理科の暗記分野の勉強をとてもいやがります。わが家では長女が大学受験時の社会に世界史を選択して、暗記が嫌いなためにとても苦労していました。受験が終わったときは「もう二度と世界史はしたくない」と言っていたほどです。

私は中間試験、期末試験で暗記するとき、子どもたちに、

「試験が終わった瞬間に、覚えたことは忘れてもいい」

と言っていました。皆さんは一度覚えたことは大学の入学試験の日まで覚えていな

くてはいけないと思い込みがちですが、そうすると暗記がつらい作業になります。高校1年で覚えたことを高校3年まで記憶しているのは、よほど好きな分野でない限り無理な話です。覚えたことを忘れ、また覚えてまた忘れ……でいいのです。二度目に覚えると、最初に暗記したときよりはうっすらとした記憶が残っているので覚えやすくなります（まったく忘れていたらまた最初から覚えましょう）。このようにして蓄積していけばいいのです。「試験が終わった途端に忘れてもいい」と言われたら子どもはプレッシャーを感じずに暗記できます。

◎やはりスマホは勉強の天敵

私が子育てしていた時代と現在の一番大きな違いは、スマートフォンの有無です。現在はスマホがなくては生活が成り立たないと言っても過言ではないようですが、その分、依存状態になっている人が多いようです。実は私もスマホをよく見ますが、大人が情報を検索してネットサーフィンする時間と、成長期の子どものスマホに費やす時間は意味合いが違うと感じています。これから勉強し、受験を迎える子どもたちにとってスマホに時間を使うのはもったいないとしか思えません。

最近ではスマホやタブレットで調べたり、アプリを使って勉強するスマホ学習を利用する中高生が多いようですが、それでも息抜きにネット検索をして多大な時間を費やすことになってしまい、するべきことができなくなるので対策が必要です。

私は４人の子どもの中で一番下の長女の子育て期にスマホが普及し始めました。お友だちや親との連絡に必要なのでスマホを持たせましたが、帰宅したらスマホを預かり、１日の勉強がすっかり終わった就寝前に返していました。お友だちからのメールへの返信がかなり遅くなるので、「佐藤さんにメールしても返信が遅い」と言われていたようでそれは申し訳なかったと思いますが、そのルールは変更しませんでした。

受験勉強中、たとえば世界史で人物名を暗記するときなどはネットで検索すれば画像が出てくるため印象深くなり覚えやすいのですが、そのときは私のスマホを使わせていました。

先ほど、大人のスマホ時間と子どものスマホ時間は意味合いが違うと述べました。

大人にとってスマホでの検索は手軽に楽しめる娯楽ですが、もし、私が今の時代に子育てするなら、子どもが勉強している前でスマホは持たないし、子どもが起きている間もスマホを見ることはないと思います。私は子どもが勉強している横で新聞を読んでいましたが、勉強している子どもと新聞を読んでいる親は同じ方向を見ている雰囲気があるのに対して、親がスマホを見ることにはリラックス感があり、子どもが勉強している空気を壊してしまうと思っています。子どもが勉強している時間、親はそれに寄り添う覚悟が必要だと思います。

第4章

受験と進路

中学受験するかどうかの選択

長男を妊娠していたときのこと。全国展開している大手塾主催の講演会が近所で開催されると知って聴きに行きました。ある中高一貫私立校の学園長先生の講演でしたが、お話を聞いて感銘を受けました。学校に「生徒をこう育てたい」という考え方がしっかりとあることがいいなと思いました。

私も夫も地方の公立高校出身だったこともあり、私立の学校には馴染《なじ》みがなかったのですが、そのとき初めて私立の良さに触れたのです。結果的に子どもたちはその学校には入学しませんでしたが、その学校の教育方針を敬愛する気持ちは今も変わりません。

私の英語教師の経験も受験への動機になりました。中学校と高校では英語の学習内容にギャップがあり、高校になると途端に難しくなります。「頭のやわらかな中学校時代に語彙を増やしておけば英語力がもっと上がるのに」と思い、6年間でバランスよく学ぶことができる中高一貫校のカリキュラムは優れていると感じました。

公立高校は内申書の配点が大きく、内申書によって進路が左右される可能性があることへの危惧も抱いていたので、筆記試験だけで合否を決める潔さも私立校受験に向かった動機です。何よりも、お試し的に申し込んだ進学塾に行って帰宅した長男が、「算数が楽しかった」と喜び、進んで通うようになったことが受験への契機になりました。

それぞれのご家庭でいろいろな選択があると思いますが、**中学受験を選ぶなら、その理由がはっきりしていることが大事**だと思います。周囲につられてなんとなく受験勉強を始めると、成績が上がらなかったり、受験生活についていけなくなったときに親も苦しい思いをすることになります。中学受験することが子どもにとっていいことで、その理由がはっきりしている場合は、受験勉強中も揺るがずに進むことができます。

受験でこだわるべきは「合格」

わが家の子どもたちが世間で難関と評価されている学校に進学したので、名前にこだわったように思われていますが、私は一度も「この中学を目指しなさい」「この大学に行ったら？」と言ったことはありません。

受験生にとって大事なのは合格することです。それが第1志望でなくてもとにかく合格することを目標にしましょう。

「やはりトップ校を目指したい」とか、「親が出た学校に行かせたい」と考えるのは親が自らを呪縛しているのです。たまに、「うちは代々○○校と決まっている」という家があるそうですが、それは一族揃《そろ》ってブランドに洗脳されていると言えるでしょう。

私の子育てがラクだったのは、いっさい固有名詞にこだわらなかったためです。

夫は東大を卒業していますが、だから東大に行きなさいと言ったことは一度もなく、「あなたたちはそれぞれが自分の出身大学を作ったらいい」と子どもたちに言っていました。実は大学受験のとき、違う大学を受験する可能性を考えて、子どもたちには内緒で志望校以外の大学の願書も取り寄せていました。一番大事なのは合格することだと思ったからです。

◎私が子どもたちに教えた「志望校の決め方」
～行きたい大学より、行ける大学

私が考える大学の志望校の決め方についてお話ししたいと思います。

私が子どもたちに常日ごろから言っていたのは、

「一生懸命勉強して精度を高め、その結果、入試が近づいて志望校を決めるときは自分の手の届く学校を受験しなさい」

ということです。

大学受験なら、高校3年間で可能な限り、「ここまでやった」と満足感に浸れるぐらいまで勉強して、その結果を見て3年生の夏休み明けぐらいから具体的に志望校を絞っていけばいいでしょう。高校3年の二学期の時点で、自分の偏差値が希望大学の合格偏差値を10以上下回っているなら目標は下げた方がいいと思います（私立大学なら何校も受験できるので、手の届きそうな大学、合格判定が出ている大学に加えて、合格判定が出ない大学を記念受験するのもいいと思います）。

現在の日本では就職活動をするときに大学名で多少の有利不利があるのが現状と言うものの、それは長い人生においては僅差でしかないと考えるからです。

大事なのは大学ではなくてその先の長い人生です。幸福に充実感を持って生きるためには、大学受験に長い時間をかけるのはもったいないことだと思います。

実際問題として1年間の浪人生活ならしかたないかとは思いますが、2年、3年と希望の大学を目指して受験生活を送るのは人生の時間の使い方としては効率が悪いのではないでしょうか。希望の大学に固執しすぎることなく、合格した大学に入学して別のことに時間とエネルギーを使った方が得策だと思います。

人は18歳時点ではまだこの若さが続いて受験勉強に耐えられると考えがちですが、19、20歳と年齢を重ねるにつれて若いとはいえ人はそれなりに老化していきます。18

歳のときの体力、集中力、瞬発力が出なくなるのです。

希望した大学ではない大学に行き、「本当はあの大学に行きたかった」と後々まで思うこともあるかと思います。でもそれでもいいのではないでしょうか。未練のない人生はありません。手が届かなかった大学に対する未練を、その後を生きる力に変えて堂々と生きていけばいいと私は考えています。

子どもを追い詰めない幸せな中学受験とは

このことは特に中学受験にあてはまります。

親はとかく、その地域のトップ校を基準にしてお子さんの偏差値が足りないことを悩みます。特に関西は東京に比べて私立中学の数が少ない分、偏差値による序列化がはっきりしている傾向にあります（これに対して東京は私立中学がたくさんあり、偏差値だけではない独自の校風を打ち出している学校が多く、子どもの性格や個性で選ぶことができるのは羨ましいです）。

塾のテキストで言えば、テキストにはまず基本問題があり、次に応用問題が出されますが、その上にさらに難度の高い問題が掲載されています。この**超難問は解ける子と解けない子がいて、それは能力差というよりは12歳の時点でのセンスや性格が左右します。**問題が難易度順に10個あったとすると、最初の7問を解けても後の3問が解けない子がいて、それは小学校6年生時点での素質があるかないかで、本人の努力不足ではありません。たとえば算数の超難問が解けるのは数や図形に対するカンの良さを持っている子ですし、国語の長文読解を得意とするのは年齢にしては精神的に大人なお子さんです。

親はえてして超難問、最後の3問が解けないことを悩んだり悔しがったり、子どもさんに対して物足りない思いを持つこともあるようですが、**この時点での差はその後の大学受験には関係がありません。**確かに小学校6年生でカンが良い子はその後もカンが良いのは事実ですが、わが家の子どもたちに聞くと中学から学習する数学は算数とは別物で、数をこなし努力すれば解けるものなので、中学受験での超難問に必要なカンは大学受験には必要ないそうです。つまり、中学受験の超難問が解けなくても大学受験にはじゅうぶん対応できます（ちなみに大学の数学は高校までの数学とはまた違うものとのことです）。

ですから、塾で出される超難問が解けなくても悩みすぎないことです。超難問が解けなくてトップ校に合格しなくても、小学校4年生から6年生まで勉強して、志望校を決めるときに**合格できる中学校を第1志望にするのが保護者にとっても子どもにとってもストレスがない、一番幸せな中学受験の方法です。**間違ってもトップ校を基準に考えて、成績が足りないとお子さんを追い詰め、親子ともども不幸のどん底に落ちるようなことはしないでください。トップ校と呼ばれる中学でもどこでも学習内容は同じです。合格した中学で勉強したらいいのです。

わが家の子どもたちはいわゆるトップ校と言われる中学・高校で学びましたが、大学に行ってみると、同級生たちは地方の公立高校出身だったり、高等学校卒業程度認定試験（高認）を経て大学に入学するなどいろいろな進路があることがわかったようです。

「（進路は）なんでもアリなんだな」

と言っています。

◎小6の二学期で偏差値が5以上不足なら志望校のランクを落とすのが最上の受験

あるとき、小学校6年生の男の子のお母さんから次のような相談を受けました。

「第1志望に合格するには偏差値が7足りません。今から何をしたらいいでしょう」

そのときは二学期半ばでしたので私は、「志望校を変えてはどうでしょう」と申し上げました。小6の二学期で第1志望に5足りないのなら合格する可能性は少ないと言えます。ここで無理に強行突破して不合格になるよりも、偏差値のランクを下げて第2志望校での合格を狙う方が得策と思います。

受験は合格することが一番大事だからです。特に中学受験ならその先に高校、大学と続きますので挽回《ばんかい》することができます。

第1志望にこだわるのが子どもより親である場合は特に、「あわよくば」と強行突破を試みるものですが、それは親子ともに幸せな結果にはなりません。第1志望でなくても、第2志望、第3志望の学校に楽しそうに通う生徒はたくさんいるものです。受験の算数が苦手な生徒も中学で「数学」になった途端、よく理解できるようになり定期試験で点数が取れて自信がついたという例がたくさんあります。

受験は試験をして点数が取れた人が合格するというシンプルで厳密なものです。夢や憧れなど気持ちだけでは合格しません。

特に中学受験は大学受験に比べて出題範囲が狭いので、模試の偏差値の数字が合否に反映されます。合格確実な子が不合格になることはあっても、反対の例はなかなかありません。奇跡が起きにくいのが中学受験です。

受けてよかったと思った記念受験の例は1例だけ

ですから中学受験では記念受験はあまりおすすめしません。

ただこれまでいろいろな例を見聞きしてきた私が「受けてよかったな」と思った記

念受験があります。それは知人のお子さんの例です。

彼には受験したい中学があり、入試合格に向け努力してきました。しかし、小学校6年生二学期時点での偏差値を見ると合格の可能性が低いという結果になり、ご両親も塾の先生も第1志望の受験を止め、第2志望を受験するようにアドバイスしました。しかし、彼はどうしても第1志望の中学を受験したいと言ったのです。その理由は、「この学校の今年の入学試験の問題を解いてみたいんだ」というものでした。これまで一生懸命勉強してきて多くの問題を解き、入りたいと思った中学の過去問にも挑戦してきたけれど、まだ解いていないのが今年の問題というわけです。

「一体今年はどんな問題が出るのだろう？　それを受験生の1人として解いてみたい」というのが彼の希望だったのです。小学生ながらしっかりした考えを持つお子さんですね。彼の話をじっくり聞いたご両親は、そこまで言うならと第1志望を受験させることにしました。受験することを許したご両親も立派だったと思います。

その結果、やはり第1志望の中学には合格できませんでしたが、彼はその結果を受け止め、納得して第2志望の中学に入学、その後、希望していた職業に就いたと聞きました。「あわよくば」の記念受験はよい結果にはなりませんが、このように本人がしっかりした考えを持った上での記念受験は貴重な経験になります。

今、必要なことは何？「せっかく〜なのに」は捨てましょう

合格するために受験期には必要なことだけに絞りましょう。進学塾に通うとき、それまでのお稽古事を止めるのがもったいないと思う保護者の方が多いのです。

「せっかく英会話をしてきたのに、止めるのはもったいない」

「ピアノのレッスンを続けられないでしょうか。せっかくこれまでがんばったので」

と言う方がいます。

しかし、お稽古事を続けて受験がうまくいかなかったら、そちらの方がもったいないです。

私は「せっかく〜なのに」という言葉は禁句にした方がいいと思います。そこにはこれまで積み上げてきたことが台無しになる気持ち、もしかしてそれまでの月謝がム

ダになるという親の都合も見えますが、この時点で一番の優先事項は受験に合格することです。

「これまで英会話のレッスンは楽しかったね」「受験が終わったらまたピアノを始めてもいいね」と子どもに言い、進学塾だけに絞るといいと思います。

中学受験しなくても進学塾に通うという方法

どこの中学に行くにしても基礎学力は必要です。

中学受験をしないと決めたご家庭の方におすすめしたいことが2つあります。

1つは小学校4～6年で英語の学習を先取りして進めていくという方法です。英語は習得するのに時間がかかりますが、自学自習に向いているため進めておけば高校受験、大学受験のときにラクで、どの学校に通っているかの影響が少ない教科です。大学受験で中高一貫校出身の生徒と同じ入試を受ける際、英語の力が遜色ない状態になります。詳しい学習法は第6章で述べているので参考にしてください。

もう1つは受験しなくても中学受験を目的とした塾に通うという方法です。

中学受験の内容は公立の小学校とは難度が違うので、小学校の授業が物足りないと思う小学生にとってはおもしろいと感じるでしょう。

たとえば算数の問題の○○算を解くことは地頭を良くする効果があります。受験とは関係なく物事を筋道立てて考えることになり、社会人になってから役立つのではないかと思います（中学校の数学では方程式を使って答えを導くのでむしろ簡単になります）。

また、小学生時代に進学塾へ通う時間、塾の宿題をする時間などを生活の中に組み込んで効率よく勉強する習慣をつけることは中学・高校に行ってから役立つのではないでしょうか。

進学塾はクラス別になっているところが多く、志望校別に○○特訓、○○レベルクラスなど難度の高いクラスを設けていることがありますが、中学受験をしないのであれば、普通のクラスに在籍すればよく、上のクラスを目指してがんばる必要や、「合格しなくては」というプレッシャーもなく自分のペースで余裕をもって勉強を進めることができます。実際、子どもたちの同級生で受験はしないで進学塾に通っていたお子さんがいました。その後、その子のお母さんに会うことがあったので聞いてみると、中学での成績は常に上位で高校受験もとてもラクだったと聞き、「こういう進路を選ぶのもいいいな」と感じました。

大学受験を山の頂上とするなら、どのルートでも到達することができます。18年間でどのルートを選択するかは、子どもの個性や適性に合わせればいいと思います。

地方在住の家庭の中学受験

よく相談を受けるのが、「わが家は地方にあるので、のんびりしていて中学受験する子も少なく良い進学塾がありません。子どもの将来が心配です」というものです。今では主要都市には進学実績のある私立中高一貫校があり、公立高校も受験指導に力を入れているので、受験に有利不利はあまりないのではないかと思います。主要都市ではないさらにのんびりしている地域でも、そこにある塾に通って力をつければいいと思います。

しかも、のんびりしていることは実は悪いことではありません。むしろ、都会の子どもは受験体制が整っている分、忙しい日々を送っていて、〝のんびりできない弊害〟があるのです。

もし、どうしても都会の受験塾に通いたいなら、その地域の塾に通いながら、夏期講習だけウイークリーマンションなどを利用して通うという方法があります。そこで様子を見て、その子ども、家庭なりの進路を考えたらよいのではないでしょうか。

◎不合格になったときの対策

中学受験で無事、合格したらよいのですが当然、不合格の場合もあります。その場合こそ、親の力量が試されます。親ががっかりして落ち込む態度を子どもに見せてはいけませんし、まして子どもを責めるのはもってのほかです。「残念だったね。でも○○中学でがんばろう」と子どもに言い、第1志望の中学への未練を引きずらないようにしましょう。

私は入試前、第1志望の中学に不合格になり、第2、第3志望の学校に行くことになったときは、進学した中学で親の私が楽しんでいる姿勢を子どもに見せようと思っていました。たとえば、積極的に役員を引き受け、文化祭や体育祭には率先して参加して、保護者のための文化講座がある中学だったらそれにも参加するつもりでした。私は第2、第3志望の学校には、どんな活動があるのかも調べて、「この講座に入ろう」と決めていたぐらいです。そのように母親がその中学での生活を楽しんでいることを見せれば、子どももその中学での生活に満足するようになるだろうと思ったのです。

◎それぞれの子どもや家庭に適した進路があります

大事なことはいろいろな情報を得た上で、母親としてのカンを働かせるということです。

私もいろいろな教育方針に接しましたが、たとえ有名だとしても、たとえ皆がやっていたとしても、「なんか、いやだな」と思ったものには手を出しませんでした。ですから、皆さんも親としてのカンを働かせて情報を取捨選択してくださいね。

今、読んでいただいているこの本も同じです。「なんか違うな」と思ったら鵜呑みにせず、「これは取り入れよう」と思うことだけを参考になさってください。

家庭も子どもも一人ひとり違うので、隣の子には良くても自分の子には合わないことがあります。

第5章

人生100年時代の親の生き方、子育て後の暮らし方

◎子育てのゴールを〝親がいなくなって7年後〟に設定

皆さんは子育てのゴールをどのように考えていますか？

現在、子育て真っ最中の方は、そのようなことを考えている余裕はないし、今の大変な状態がずっと続くのではないかと考えると本当に疲れると思われているでしょうね。

私も、長男を産んだすぐ後は、睡眠不足で自由には動けず、まともにお風呂にも入れない状況が一体いつまで続くのだろう、と暗澹《あんたん》たる気持ちになったものです。しかし、よくよく考えてみると、子どもは大きくなるし、今は抱っこしないと移動できない赤ちゃんですが、いずれ１人で歩き始めるのだと考えると、この大変なしかも永久に続きそうな子育てにも終わりはあるのだと気が付きました。

人間は、現金なものでゴールがあるとがんばれるものです。長いトンネルの先にほんの少しの光が見えただけで、背筋が伸びたのを思い出します。どうせ、終わりが来るのなら、そのときまでしっかり生きていこうと腹をくくったということです。

まずは、親もとにいる18歳までの期間は子育てに集中するにしても、その後大人になった子どもたちとどのようにつきあっていくのか、に思いを馳せると、いずれ親はいなくなるのだから、一応その後のことも考えなければ、と思いつきました。親の一周忌には、どんなに忙しくても子どもたちは集まってくれるでしょう。そこで、親の思い出話に花を咲かせてもらって、三回忌の法事の予定を考えてもらう。次は、七回忌ですからそのころは集まれるか微妙ですね。その後は十三回忌となりもっと集まるのは非現実的かも。ということで、私の希望としては、七回忌は仕事も忙しくて住んでいるところも国外かもしれないけど、やはり集まって思い出話をしてほしい。後は、もうどうでもいいや〜と考えています。七回忌法要に子どもたちが忙しい中、都合を合わせて集まり、親の話で大笑いしてもらうには、今の子育てをどうするか？

要するに、きょうだいが仲良く、子育てが楽しかったことが必須。そうなると、テストや通知表できょうだいを比べるなんてもってのほか、ということです。

ちょっと遠大なゴールのように思えますが、人生は日々の暮らしの積み重ねと考えると、目の前の日常が少し違って見えるかもしれません。

ブランドものは捨てました

長男を出産したばかりのころはまだ独身気分が抜けていなかったのか、爪を伸ばしたり、ワンピースを着て海外ブランドのバッグを持って外出したりしていました。あるとき、長男を膝に抱きバスの座席に座ってふと見るとストッキングがバリバリに破れていました。子どもの靴で破れたらしいのです。出かけるときに持ってきた缶入りジュースの蓋が外れ、ブランドのバッグがびしょ濡《ぬ》れになり泣く泣く捨てたこともあります。

そんな経験を重ねるにつれ、服はパンツと綿のＴシャツに、バッグは子どもの顔に当たっても安全で軽いナイロン製にと持ち物が変化していきました。服を合わせるために試着室に入っているときに子どもがどこかに行ってしまうと大変なので試着も止めました。

長男が幼稚園時代、夏休みが終わり９月１日に長男を幼稚園に送っていったときのこと。まだ暑い時期ですがお母さんたちはカーディガンを羽織ったり、長めの袖の服を着たりとどこかに秋のテイストを入れたコーディネイトで幼稚園に来ていました。しかし私はというと、半袖Ｔシャツにパンツを合わせた完全な真夏スタイルです。ファッションには疎い私でもさすがに「私は浮いている」とわかりました。

夏休み中は子どもにくもんのプリントをさせるのに夢中で、季節が移り変わったことに気が回らなかったのです。「来年の9月1日はちゃんと秋を取り入れた服で行こう」と思いましたが、翌年になるとまた忘れて真夏ファッションで二学期を迎えることに……。

私は子どもを育てるということは、どこかで大人としての自分を捨てることだと思っています。ママになっても服装に手を抜かなかったり、自分の時間を大切にして外出するのがトレンディな女性だという価値観があり、私もなかなかママに徹することができませんでした。でも、おしゃれな自分と子育てを両立しようとすると自分が苦しくなるとわかって、時間をかけておしゃれな自分を捨てることができました。

最近は、ＳＮＳの発達で他人の私生活がより覗《のぞ》けるようになり、その分、自分と比べてつらい思いを持つ人が多いそうです。しかし、他人は他人、自分は自分と考え、思ったまま生きることが幸せになる道ではないでしょうか。

上靴は8月末に買えばいい

幼稚園や小学校では上靴を学期ごとに家に持って帰って洗うのが決まりでした。でも休み中は忙しすぎて一度洗うのを忘れてしまったので洗わないままの上靴を持って行かせたことがあります。靴箱に並んだときに「上靴が黒いのは僕だけだった」と言うのを聞いてこれはやはりまずいと思いました。そこで、上靴は成長するごとに買い換えたり、新学年を迎える4月に新調したりしますが、8月末にも買い換えればいいと思ったのです。すると夏休みに洗わなくて済みます。それに8月はオフシーズンの大特価でかなり安くなっているのです。「何事もきちんとしなければ」ということにしばられがちですが、自分のやりやすいようにしようと思ったきっかけになった出来事でした。

◎人生100年の時間をどう使うかは人それぞれ ～子育てとキャリア

子どもたちの勉強を見た体験談を講演したり、本に書いていると、必ず言われることがあります。それは、「佐藤さんは専業主婦だからそこまでできたのだと思います。私は仕事があるのでそこまではできません」ということです。

確かに、私は結婚を機に退職して以来、子どもたちが小さい時期には仕事をしなかったので、その分、仕事をしているお母さん方よりは子どもたちの勉強を見る時間があったとは思います（しかし、子どもが４人いたので、自分の時間はほとんどありませんでしたが）。

ですから、もし仕事をしていたらどうしていたかはわからないのでお答えができませんが、知り合いの中に仕事を持っていて限られた時間で子どもの受験をサポートした方が何人かいらして、できる範囲でできることをする様子を見ていたので、私もそのようにしたかとは思います。

女性の生き方は多様で、何が正しくて何が幸せに繋がるのかを知ることはできません。人生は一度きりで、誰も別の人生を生きることができないからです。

「あのとき、今の夫ではなくてあの人と結婚していたら……」

「あのとき、仕事を辞めて専業主婦になっていたら……」

と想像するのは自由ですが、過去に戻って別の人と結婚したり、仕事を辞めたりはできません。

人間の寿命は延び、日本では「人生１００年」ということがよく言われるようになりました。**この１００年の時間をどう使うか、いろいろな方法があるでしょう。**子育てをしているとき、これは永遠に続くと思われるときもありますが、生まれてから高校卒業までと考えれば1人を育てるのは約18年という短い期間です。子どもが2人以上いるとしても、１００年のうち30歳から50歳ぐらいの約20年と、子育ての時間は意外に短いのです。

この期間、子育てに集中して仕事はしないのか、仕事をセーブして仕事と子育てを並行させるのか、仕事に重点を置くのかはその人の自由な裁量に任されています。また、いろいろな事情で仕事をしなくてはいけない環境に置かれているなど、希望通りでない場合もあるかと思います。

仕事をしているためにじゅうぶんな受験のサポートができずにいることもあるかもしれません。反対に、専業主婦の方は育児に専念している期間は社会人としてのキャリアを積むことができないために子どもが巣立った後は、何も残っていない状態で空しさを感じることもあるかと思います。皆さん、それぞれに得るものがあり、失うものがあるというリスクを抱えながら子育てをしているのだと思います。

そのときに、「専業主婦だったらよかった」「仕事をしていたらよかった」と羨むのではなく、**「失うものはあったけれど得るものもあった」と納得できるように生きるのがよい**のではないかと思います。

私にも迷う時期は確かにあり、大学時代の友人が留学したり、研究の道に邁進《まいしん》したりしていると聞いたときは羨ましいと思ったこともありました。

でも、一生懸命やっていれば**いつか「これはこれでよかった」と思えるときが必ずくるものです。**それは専業主婦とか仕事をしているとか子どもの有無とは関係ない、人として達成感を覚える瞬間です。

私の場合、末っ子の長女が高校生になったぐらいの時期に、ママ友たちが「佐藤さん、子育てが終わった後どう生きるか、今から考えた方がいいわよ」と心配してくださって、ヨガやコーラスなどの会に誘ってくださったり、教職の経験があるからと英語講師の仕事をすすめてくださったりしました。ありがたいと感謝しながら、「ここまで子育てだけをやってきたのだから長女の大学受験が終わるまで全力を注ごう。中途半端はよくないし、長女に失礼」と決意しました。誘ってくださった方に、「先のことはそのときに考えるわ。そのときは時間ができると思うから、ランチに誘ってね」と言いました。

そのころ、子どもたちが通っていた進学塾・浜学園から依頼があり、受験サポートの経験談を講演するなどの活動を始めました。ありがたいことに、本の執筆などの依頼も来て、長女の受験に差しさわりのない範囲で引き受けていき、今に至っています。

子どもたちがいなくなったリビングにはまだ4つの机を置いています。「ここに4人の子どもたちが毎日いたのだなあ」と思うと寂しい気持ちになるときもあります。

しかし、ずっと独り立ちせずにここにいるのも心配だし、親が、納得いく程よい時期に巣立っていってほしいという理想は望まない方が無難です。

新型コロナウイルス感染症が蔓延する中、子どもたちはその最前線で仕事をしたり研究したりしています。それぞれが、自らの道を歩んでいるのは頼もしいことで、これからも親の問題に後ろ髪を引かれることなく、また忖度することなくそれぞれの仕事により一層精進できるように、見守ることが私の最後の仕事だと思っています。子どもたちには、「自分の決めた道を心置きなく進みなさい。私は畳一畳あれば死ねるから、気にしなくていい」と言っています。

皆さんも、生き方について迷うこともあるかと思いますが、他人の人生と比べたり羨んだりする時間はもったいないと思います。どのような道を選ぶにしろ、その道をしっかりと見定めて目の前のことに全力で取り組んだ先に、納得のいく結果があるのではないでしょうか。

私のこと

4人の子どもを一流大学に導いた信念の母……というのが私のパブリックイメージだそうです。

そう言われると、なんだか怖い人みたいですが、実際、本当の私はもっとアバウトな性格なのです。

幼少期はよく笑う子で、母や幼稚園の先生から、

「亮子ちゃんていつも笑っているよね」

と言われていました。

何を笑っているのかというと、前に楽しかったことを思い出し笑いしていたのです。

何かいやなことがあっても、「これはこうなったらよかったんじゃないのかな。ぐふふ」と想像して笑っていました。

想像する癖は大人になっても同じで、よく子どもたちがした宿題の丸つけをしながら、楽しかったことを思い出して、

「ふふふ」

と笑っているので、子どもたちから、

「ママ、しょっちゅう思い出し笑いしているよね。何がそんなにおもしろいの」

と言われるほどでした。私にもそんなに楽しいことばかり起きているのではないし、自分でいつも笑っていることを意識したことはなかったのですが、楽しかったことがちょっとでもあると、思い出して笑っているらしいのです。これは、もともとの性格としかいいようがありません。

学生時代は友人から、

「あなたって流されるように生きているよね」

と言われたことがあります。

私の何を見てそう評したのかはわかりませんが、確かに上京したのも、「大学に入学して東京で遊びたいな」というぐらいで、確固たる信念があったのではありません。むしろ、小さいころから読書したり、新聞を読んだりした結果、子どもながらに**「人は何かを目指してもなかなか希望通りにはいかないものなんだな」というのがわかり、**

それなら自然体で生きて、縁がある方向に行くのがいいのかなという考え方をしていたのですから、やはり「流されるように生きているね」と言った友人の所見は合っていたのかもしれませんね。

大学を卒業して実家に帰り、大分で私立高校の英語教師を2年した後、今の夫と結婚しました。その後、長男が生まれましたが独身気分が抜けず、子どもの顔を見て、「案外かわいいじゃない」と思ったぐらいです。それから続けて３人出産して４人の子どもを育てました。

産院の看護師さんから「爪を切ってくださいね」と指導されてもなかなか言われた通りにしなかった話は先に述べましたが、すこしずつ母親らしくなっていったということでしょう。

そのように周囲の人の力を借りながらだんだんと母親になっていったというのが私の歴史です。

料理の作り方はとってもアバウト

この本を読んでくださった方は薄々気がついているかもしれませんが、私は子どもの勉強の進め方については細かく考えたり工夫したりしますが、家事のやり方はとてもアバウトです。

浜学園の YouTube チャンネルで私が料理を作る動画がありますが、肉をトレイから出すとそのトレイはシンクの中に放り出したままにし、野菜を切った切れ端もそのままシンクに投げ入れて料理を進めていきます。トレイは洗って分別し、野菜の端もごみコーナーに入れながら料理をするようなきちんとした性格の方は、まるでシンクをごみ箱のように使っている様子を見てあきれたと思いますが、一方、「あのようなやり方でもいいんですね。なんだか肩の荷が下りました」とか、「私も同じようにやっています。これでいいとほっとしました」と言う方もいて盛り上がりました。

トレイを分別し生ごみをその都度処理しながら料理をするという、種類の違う作業をするのは効率が悪く、まず料理を完成させて食べて、その後でごみ処理をまとめてして食器を洗った方が同じ種類の作業をするという点で効率が良いからこうしているのですが、単に、子育て中は料理を作って食べさせるのが先決で、片づけながら料理をする時間がなかったということもあります。料理はとても好きですが、後片づけや収納はどちらかというと苦手。でも、アバウトな性格なりのやり方でやればいいと思っています。

マイルールは「愚痴を言わない」こと

1つ私が決めていることがあるとしたら、それは愚痴を言わないということです。いつも思い出し笑いをして笑っている私でも、皆さんと同じようにいやなことが日々起きています。そのことに対して感情的な言葉を発しても、問題は解決しません。愚痴というのはいやなことを口に出しているだけで何の解決にもならないし、**私は最終的にきちんと問題が解決しないことがいやなのです。**

グッと我慢して口にしないのではなく、とにかく気にしないことが得意なのです。

我慢すると精神にマイナスの負担がかかりよくありません。

たとえばいやなことを耳にしたときは「あの人はきっと忙しくてつい口にしてしまったのだわ」とか、「私も誰かに対して似たことを言ったことがあったかもしれない」と理解して流します。いやな感情のまま流すのではなく、一旦、自分で理解して納得して流すと、後には何も残らずスッキリします。

第6章

幼児期から18歳までの英語勉強法

小学校で英語を習うのは反対……でしたが

この章では、英語の勉強法について私の考え方と具体的な方法をお話しします。

なぜなら私が子どもたちの受験科目の中で大学受験の直前まで教えることができた唯一の科目が英語だったからです。その他の科目は中学受験では小学校4年生の段階ですでに算数は難しくて教えることはできませんでした。ほかの科目も社会や理科の知識分野の暗記の手伝いはできましたが、応用問題になると解けませんでした。でも、2年間だけですが英語教師をしていたこともあり、英語なら高校3年生まで、たとえば子どもたちが書いた英作文を見て点数をつけることができました。

前にも発言していますが、私は小学校から英語を学ばせることについて否定的です。それは今も変わりありません。

なぜなら、母語である日本語で自分の思っていることを言えない段階で外国語を学んでも英語の上達には繋がらないと思っているからです。

英語を学ぶ目的は何でしょうか？　それはきれいな発音で話すことではありません。自分の意見を英語で述べることです。大切なことは発音ではなく、相手の意見に対してイエスかノーかを言い、こちらの意見を正確に述べることです。

たとえばテレビで海外在住の研究者の方が英語で話されているのを聞くことがありますが、かなりのジャパニーズイングリッシュで決して流暢《りゅうちょう》ではないことがあります。しかし、それでもその方の話が貴重で、聞くべき内容があるなら私たちは熱心に耳を傾けます。**大事なのは流暢な発音ではなく内容**なのです。

ですから、子どもたちが習得するべきなのは、海外の人に向けて自分の立場をはっきり言い意見を述べること。内容がないのにきれいな発音で話せても意味がないのです。

しかし、「幼少期からの英語教育は意味がない」と言っていた私も考え方を変えなくてはいけない時代になりました。

小学校で英語の科目がカリキュラムに組まれ、２０２０年からは３～４年生で「外国語（英語）」が必修化され、5～6年では「外国語（英語）」に教科化され、週に2回、英語の授業が実施されています。教科化というのは教科書が配布され、通知表に成績がつくということです。また1～2年生も年間10時間程度、英語を学ぶことになっている学校もあるとのことです。現在、小学校6年間で習得する英単語は教科書によって違いはあるものの６００～７００語。小学校時代にかなりの量を勉強することになります。

小学校で英語嫌いにしないための入学前の英語学習

幼少期に英語を勉強する場合、一番大事なことは何でしょうか？

それは子どもを英語嫌いにしないということです。小学校に上がっていきなり英語の授業でとまどい、英語が嫌いになったり、英語があるから学校に行きたくないと言いだしたりしないように対策を立てておく必要があると思います。ちょうど、ひらがなやカタカナをまったく知らずに入学して、お友だちの名前が読めないなどで苦労することがないように、ひらがな、カタカナを無理のない程度に知っておくのと同じです。

私は日本語がうまく使えない時期から英語学習をするのは今でも反対ですが、「英語嫌いにしないため」に入学前から英語に親しんでおいたらいいと思うようになりました。

また、英語はどの大学でも文系理系を問わず受験に必要で、避けて通ることはできません。

英語をはじめ、語学を身につけるには時間がかかります。英語は少しずつでも早めに学習を積み重ねて力をつけておくと、大学受験がラクになるのは間違いありません。

この章では小学校入学前から大学受験までの勉強法を考えてみました。

英単語を読んで意味を知る

小学校で英語嫌いにならないためにはどうしたらいいでしょうか。

よく言われるのが英会話教室に通うという方法です。確かに英語に親しむにはいい方法かもしれませんが、英語を理解することは難しいと思います。日本語がまだよくわかっていないのに英語で話すことはできないからです。本格的に英語を身につけたいならインターナショナルスクールに通うしかありません。

私が考える小学校入学前の英語学習は、簡単な英単語が読めて意味が言えるようにするということです。

書ける必要はありません。正しい発音も不要です。

発音記号通りに発音しても正しい発音とは限りません。りんご＝アップルだとわかる程度でいいと思います。

おすすめしたいのは次のことです。

①小学校で習う英単語６００～７００をパソコンで打ち出す

勉強はどの教科でも最初に「全体の量を知る」ことから始めると進めやすいもの。小学校の英語の教科書（５年・６年）を買ってきて、巻末に掲載されている英単語を全部書き出します。それからパソコンで打ち出してみてください。

書くのが大変なら、小学生向きの英単語の本もあります。（例・『ゼロからスタート小学英単語』〈安河内哲也・著／Jリサーチ出版〉）

②壁に貼り、読んで意味を言う

これを2～3枚作って、壁に貼って、読めて意味がわかるようにします。英語が読めないなら、カタカナまたはひらがなを書いてもいいでしょう。

先ほど小学校で学ぶ英単語は６００～７００と述べました。多いと感じるかもしれませんが、これはit、isなどの簡単な単語も含めての数なので、そう大変ではありません。

勉強は子どもの生活にじわじわ～っとしみ込ませる

壁に数枚貼った英単語を、子どもの顔色を見て、機嫌がよくて、「今、英語を見て読んでも雰囲気が悪くならないな～」と感じたタイミングで、読んで意味を聞いてみましょう。

car の紙を見せて、

「これ知ってるよね～」

「カー」

「何のこと？」

「車」

「そうだね～」

という感じで聞いていきます。

決して強制してはいけませんよ。子どもが一言でも「いやだ！」と言ってしまったらそれで終了！　**泣き叫ぶ子どもを無理やり引っ張って勉強させるから子どもは勉強**

嫌いになり、成績が上がらないのです。勉強は子どもの生活の中にじわじわ～っとしみ込ませていってくださいね。これは、英語だけでなく計算でも漢字でも同じです！

絵本を使ってもいいかもしれません。英語の単語が書いてある絵本があるので、それを子どもがいる場所にさりげなく置いておいて自然に見るようにします。これも無理やり見せないこと。放っておいて興味を示したら読んであげます。これも、「じわじわ～っ作戦」の1つです。このようにして幼児期からできる範囲で英単語を少しずつ覚えていきましょう。

この時期は「覚えてもいいけれど覚えなくてもいい」ぐらいの気軽な学習をおすすめします。後で軌道修正ができるからです。覚えたら忘れ、また覚えたら忘れると思いますが、それでいいと思います。「耳に慣れる」という感じです。

この時期は、日本語の方が大事なので英単語よりはひらがなを優先させてください。

中学受験しない人こそ先取り学習を

小学生になったら、学校の英語の授業で勉強しながら、先ほど述べたように英単語を覚えていきましょう。見て読めて意味が言えれば、とりあえずＯＫです。

そして余裕があれば、書くことを足していきます。小学生向けの英語塾が地域にあれば行くのもいいのですが、私が一番いいと思うのは「くもんの英語」をすることです。すでに国語や算数をしているならどちらかのプリントの枚数を減らして負担にならないようにします。または、市販の英語プリント、教科書に準拠した問題集をしてもいいかと思います。このように、「英語に耳慣れる」ことから始めて「書く」に移行していきましょう。

英単語の語彙数を増やしながら学習を進めますが、中学受験をする子どもたちは3～4年から進学塾に通うことになり、受験科目に英語がない場合は受験に集中するため学校の授業以外の英語学習は一旦お休みします。

中学受験しない家庭では進学塾に通う児童に比べて時間の余裕がある4～6年のうちに英語を中学校の内容まで先取り学習しておくことをおすすめします。**英語は先取り学習に適した教科**です。言い換えれば、いくら先に進んでも受験の邪魔にならないのが英語の特徴です。

たとえば高校受験のとき。数学は高校入試の問題の範囲は中学校3年間で習う内容の中からしか出題されないので、中学生が高校の内容を先取り学習しても高校入試の得点には結びつきません。しかし、英語は進めれば進めるほど実力がつく科目なので高校入試にも大学受験にも役に立ちます。ですから、時間のある期間に進めておくといいのです。

英語は単語を覚え、英文法を理解して問題を解くなど毎日の積み重ねが必要な教科です。大学受験を考えるなら合格に必要な量を6年間で勉強する場合と、9年間で勉強する場合を比較すると、9年間で勉強した方が毎日の負担が少なくて済むのは当然です。

中学卒業時点で高校1〜2年レベルにもっていけば大学受験は楽勝

特に国公立大学、私立理系学部を志望するなどで試験科目に数学がある人の場合、公立の中学校から公立高校に進学した人と、私立などの中高一貫校に進学した人を比較した場合、数学の実力は中高一貫校の生徒の方が格段に上と言わざるをえません。中高一貫校では数学を先取り学習しているからです。

しかし、中高一貫校が英語を先取り学習しているかというと、数学に比べてそれほどでもないのが実情です。

となると、**大学受験で公立高校出身の生徒が中高一貫校出身者より点数を多く取るなら英語で勝負するのが得策です。**

なぜなら英語は語学なので積み重ねて実力を培うことができるからです。それに対して数学は授業を受けないと理解しにくい教科です。ですから英語は比較的自学自習で力を伸ばすことができるのです。**英語は学校間の指導の差を埋めやすい教科**なのです。

大学受験に成功するには先攻逃げ切りがコツですが、英語なら自学自習で先攻を取ることができ、逃げ切れる科目です。

具体的な目標としては中学卒業時点でできれば高校2年まで、少なくとも高校1年レベルの英語がマスターできていれば高校受験は楽勝ですし、大学受験も余裕をもって臨めると思います。

高校ギャップを解消するには〝習うより慣れる〟

中学のうちに先取り学習をすすめる理由は、高校での英語は中学に比べて格段に難しくなるので早めにギャップを埋めておく必要があると思うからです。

これは私の経験が基になっています。私は2年間私立高校で英語科の教師をしていました。高校に入学したばかりの1年生は意欲的でしたが、高校になると単語数が飛躍的に増え英文法の難度も高くなり、中学では英語が得意だったという生徒でさえ英語に苦労しているのを目の当たりにしました。新人教師の私が「せっかく好きだった英語が嫌いになるなんてもったいない」と思う生徒たちが多かったのです。

そこで、私は独自にプリントを作成して授業で使うことにしました。英文法の例文の中に新出の英単語があると生徒は英単語を辞書で引いた上で、例文を覚えるという2つのことをしなくてはいけません。これを1つにすれば負担が軽くなると思い、テキストの例文を全部dogとかcatとかの誰でも知っている単語に置き換えたプリントを作って生徒に配りました。そうすると、英文法の仕組みのみ覚えればいいことになります。

can'tを含む構文が出たとき、これを理解してもらうにはどうしたらいいか考え、ある詩を英対訳してプリントにして配りました。それは水俣病患者が書いた、「I can't～.(私は～ができない)」という言葉が並ぶ詩です。

水俣病は、化学工場から海や河川に排出されたメチル水銀化合物を、魚、エビ、カニ、貝などの魚介類が直接エラや消化管から吸収して、あるいは食物連鎖を通じて体内に高濃度に蓄積し、これを日常的にたくさん食べた住民の間に発生した中毒性の神経疾患です。熊本県水俣湾周辺を中心とする八代海沿岸で発生し、１９５７年以降、「水俣病」と呼ばれるようになりました（環境省のホームページより）。

私が勤務していたのは大分県の高校で、隣接している熊本県の水俣病は生徒たちにとって身近な問題でした。

私の記憶が間違っていなければ、この詩はcan't~と、作者が病気によってできない多くの事柄が述べられた後、最後にI can live.（私は生きることができる）で終わります。私が英訳を読み上げると、生徒たちはしんとして聞き入っていました。can、can'tの意味が心から理解されたと感じ、教師としての手応えがあった授業でした。

学校が配布した文法の問題集をわかりやすく解説したプリントを配布したこともあります。職員室でいつも印刷してもらっていたので、事務の人から「先生が学校中で一番、紙を使っています」と言われました。

また、生徒に実用英語技能検定（英検）を積極的に受けるようすすめました。そして、家で英検の勉強をたくさんしなくてもいいように、授業に英検で出題される内容を少しずつ盛り込むようにしました。英語が苦手だという生徒も、英検に合格するととても喜んで、英語に積極的に取り組むようになります。何かに挑戦して成功する経験は、人間の成長にとても大事なことだと実感しました。

どの勉強もそうですが、学習したり暗記しようとしたりするよりも、「見慣れる」方が身につくものです。特に、外国語は日常生活では使いません。いつも使っていないものを覚えるのはなかなか難しいことなので、日ごろから少しずつ勉強して頭で理解するよりも、「慣れてしまう」状態を作ると自然に英語力は伸びていきます。

「習うより慣れろ」ということわざはこのことを表しています。

高2の12月に英語が一応終わっていると現役合格は確実

私は以前から「高2が終わりかける12月に数学か英語のどちらかだけでも受験の範囲が一応終わっている状態」を目指すことをすすめています。たとえば、**私立大学志望で入試科目が3科目の場合、高2の12月に英語なら一応終わっていて、英語の力がある程度固まっているなら、あとの1年間で文系なら国語と社会（数学）、理系なら**

数学と理科をすればいいので、グンとラクになります。たとえば私立文系を志望する場合、社会科（歴史・地理）は細かい部分の知識まで覚える必要があり時間がかかります。日本史なら最初から始めて、近現代史まで行かずに入試日が来てしまうこともあるようですが、高3が始まる時点で英語が一応終わっていれば、社会に時間をかけることができ、合格が見えてくるのです。

ここで言う**「一応終わっている」**とはどのようなレベルかというと、だいたい目指している大学の**過去問を解いたときに6割解けるレベル**です。ここを目指しましょう！（大学・学部を絞り込めていない場合も、ざっくりと「この辺かな」というレベルの大学の過去問を解いてみます）

数学なら高3で数Ⅲを履修するため、高2の終わりに6割解くのは難しいのですが、英語なら先取りしていればやれないことはありません。高いハードルのように思うかもしれませんが、受験するならどの道やらないといけないことですし、高3になって焦った状態で過去問を解くよりも、高2でまだ余裕のある時期に楽しみながら解いてみる方がお得です。また、この時点で6割いかずにたとえ3割しか解けなかったとしても、来るべき大学入試を見据え、この時点から少しずつ時間をかければ後々実力が伸びやすいものです。

◎保護者は中1の一学期の中間試験までは気を抜かないで

話を中学の英語に戻しますね。

中1の一学期の英語の中間テストは中学校3年間を通して一番やさしい試験です。試験範囲も狭く誰もが１００点を取れる内容ですが、ここで躓《つまず》くと次の期末試験は範囲が広くなりついていけなくなることがありますので保護者が少し手伝ってあげてほしいと思います。

特に中学受験を経て中高一貫校に入学した生徒の保護者は、受験が済んでほっと一息するせいか、まったくお子さんの勉強に無関心になることがあります。稀に難関校を突破して入学したお子さんで、中間試験を迎えたとき、アルファベットを間違えて覚えていたという例もあると聞きました。

小学校で英語が教科化されてからは、内容がどんどん前倒しになり、かなり高度でついていけなくなる生徒も多いのです。苦手になったり、ついていけなくなったりしないように最低でも1年の中間試験までは見てあげてくださいね。

中～高の中間・期末対策は予習ノートを作って「ざっくり予習」

では、中学入学時から高校まで具体的にどう勉強を進めていけばいいかを説明します。

これは私立中高一貫校在籍、公立中高在籍の生徒さんに共通しておすすめできる学習法です。

①予習ノートを作成して、勉強の根拠地にする

学校で教科書をもらってきたら、テキストの本文をコピーして、大学ノートの左ページに貼ります。このとき教科書の解説文は不要です。のりは「Ｐ・ｉ・Ｔ」などの

スティック状のものを使うとごわごわしないのですが、高価なので１００円ショップのでんぷんのりでよいと思います。１章が短いなら全部貼り、１章が長い場合はパラグラフごとに分けて貼ってもいいでしょう。後で見やすい分量に分けて貼ってください。

１つの章が終わる度に次の章を切り貼りするのは面倒なので、一学期分を全部貼っておくと中間試験、期末試験の時期になって時間が足りずに慌てることがありません。

まとめて貼ることの良い点は、「これだけが一学期分の量」と全体量が把握できるということです。「勉強量の見える化」と言っていいでしょう。「見える化」とはビジネスの世界で使われる用語で、作業の量や成果、問題点を映像や図表に表して可視化することを言います。受験勉強も漠然と量や日程を思い浮かべるのではなく、実際に見えるようにすると全体を見通せ、できているのかできていないのかという不安を解消することができます。

ノートを作ることの利点は、勉強の場ができることでもあります。ノートはいわば**勉強の作業場であり拠点**です。問題集をして参考書を見て……とあちこちに勉強の場を広げたとしても、拠点があればわからない部分ができたときに戻ってきて復習することができます。試験前にこのノートを見れば全部の内容を確認でき、安心できる存在になります。

ちなみに、テキストを切って貼る作業は子ども本人がしてもいいですが、わが家の場合は、私が作成していました。教科書をコピーして、切って貼る作業は一学期分したところで家事の合間を利用して作業しても2日あればできました。上3人は「要らない」と言ったり、作っても使わなかったりでしたが、長女はこのノートを高3まで利用していました。

保護者はよく口で「予習しなさいよ」と子どもに言いますが、中学生になったばかりの子にとっては何をどのようにしたらいいかがわからず、とまどうだけです。切り貼りしたノートを提示して、「これをすればいいのよ」と教えれば、具体的にするべきことが明示されるので迷いがなくなり行動に移しやすくなります。

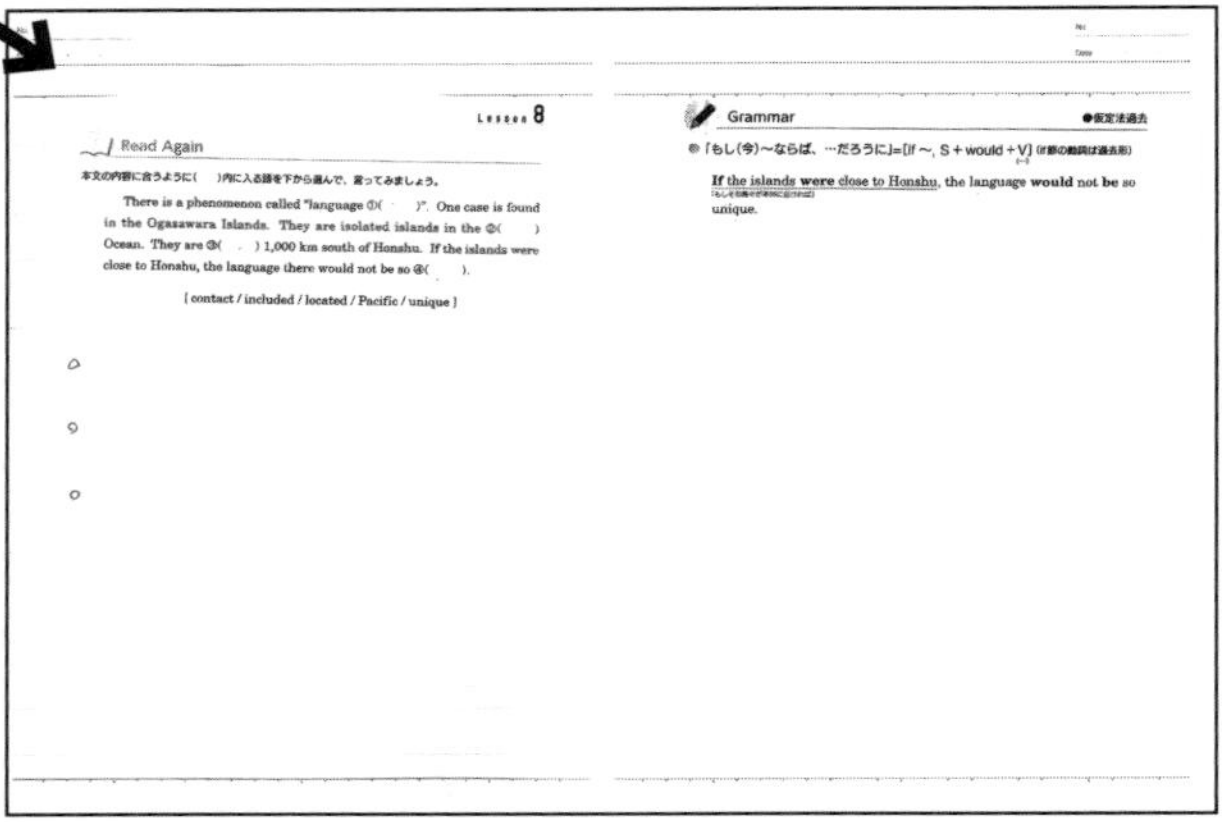
Lesson 8

Read Again

本文の内容に合うように(　)内に入る語を下から選んで、言ってみましょう。

There is a phenomenon called "language ①(　)". One case is found in the Ogasawara Islands. They are isolated islands in the ②(　) Ocean. They are ③(　) 1,000 km south of Honshu. If the islands were close to Honshu, the language there would not be so ④(　).

[contact / included / located / Pacific / unique]

Grammar ●仮定法過去

「もし(今)～ならば、…だろうに」=[If ～, S + would + V]

If the islands **were** close to Honshu, the language **would** not **be** so unique.

英文法、構文は和訳して要点を書く欄を設ける。

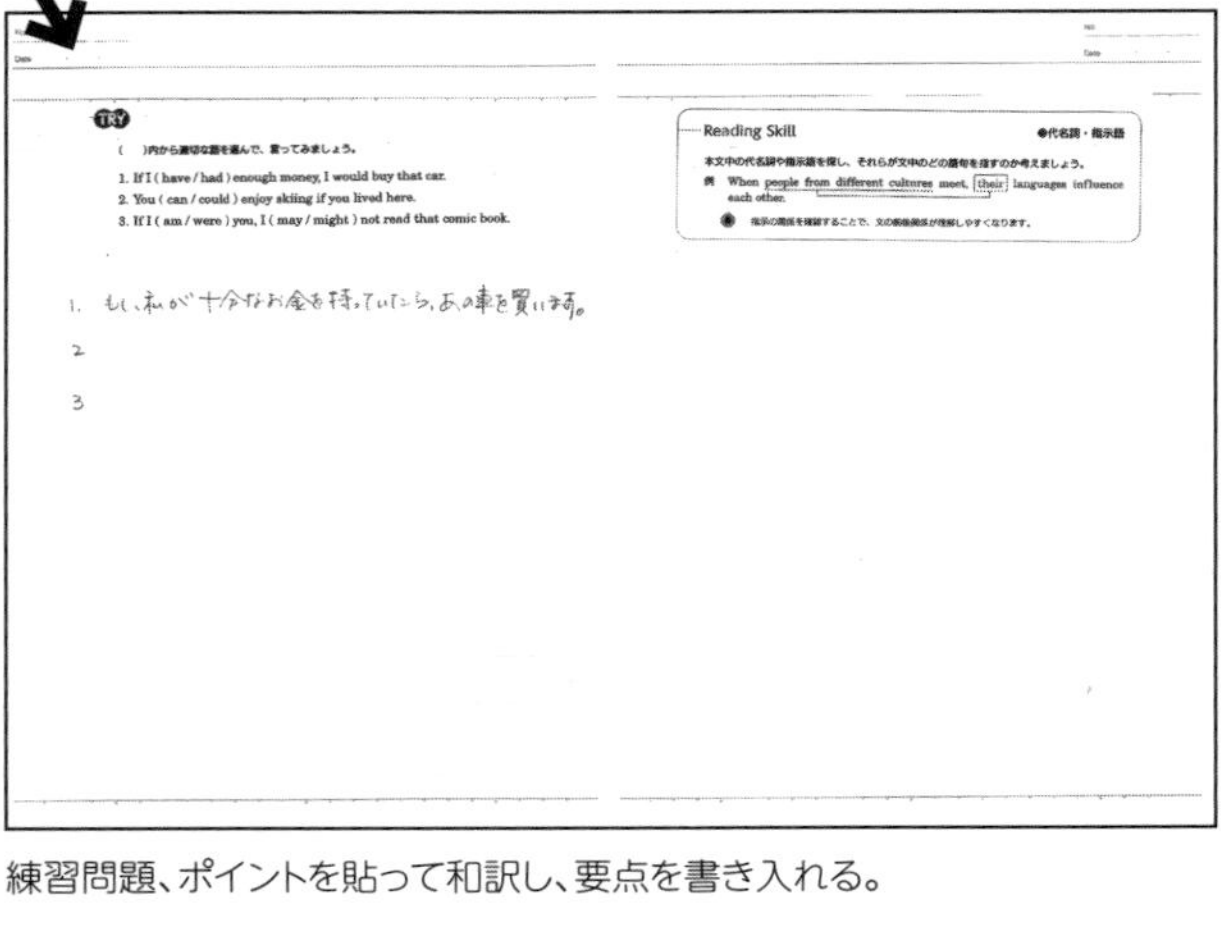
TRY

(　)内から適切な語を選んで、言ってみましょう。

1. If I (have / had) enough money, I would buy that car.
2. You (can / could) enjoy skiing if you lived here.
3. If I (am / were) you, I (may / might) not read that comic book.

1. もし、私が十分なお金を持っていたら、あの車を買います。
2
3

Reading Skill ●代名詞・指示語

本文中の代名詞や指示語を探し、それらが文中のどの語句を指すのか考えましょう。

例 When people from different cultures meet, their languages influence each other.

練習問題、ポイントを貼って和訳し、要点を書き入れる。

☼ 教科書の見開きページ

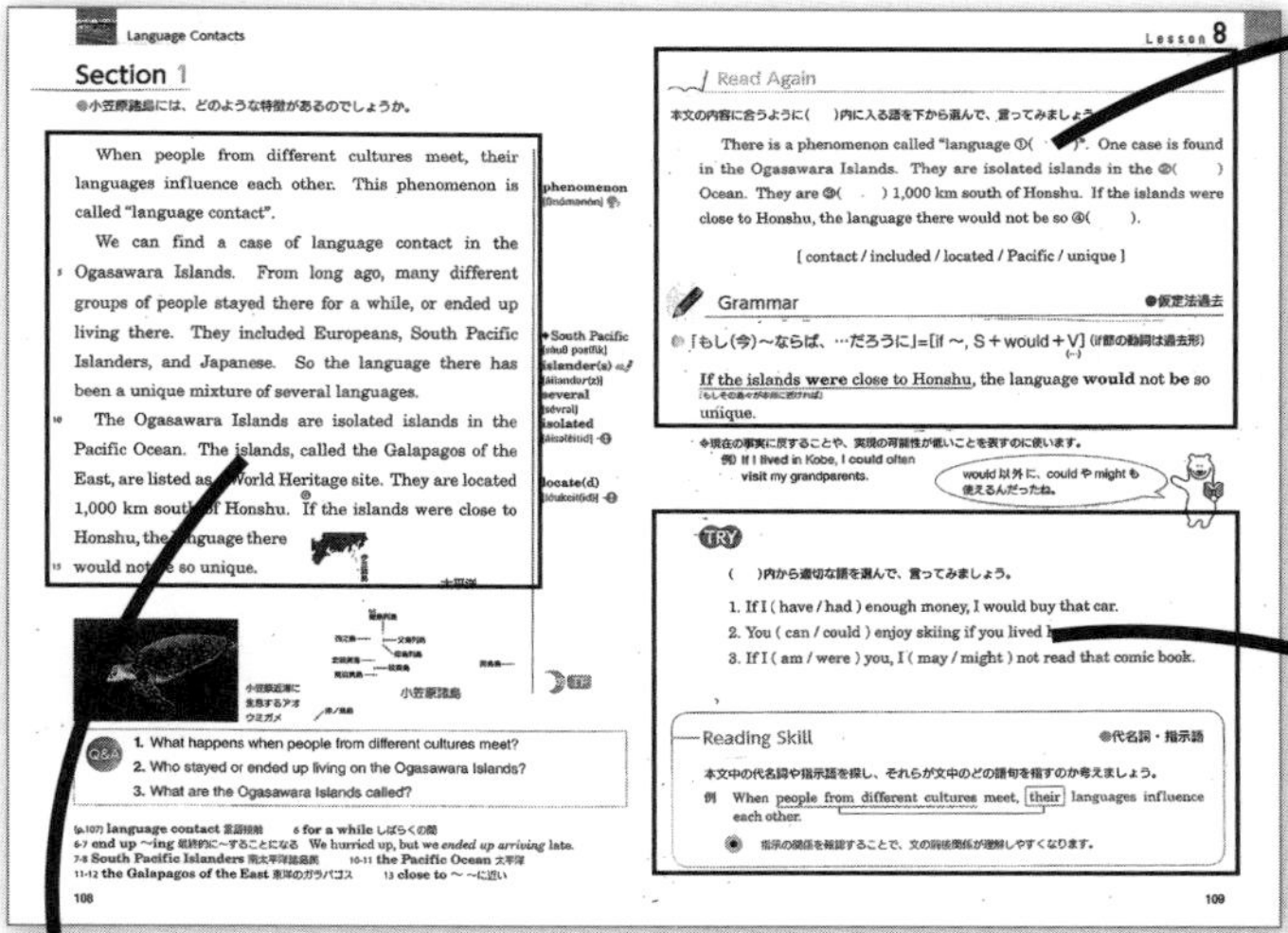
Language Contacts

Lesson 8

Section 1

●小笠原諸島には、どのような特徴があるのでしょうか。

When people from different cultures meet, their languages influence each other. This phenomenon is called "language contact".

We can find a case of language contact in the Ogasawara Islands. From long ago, many different groups of people stayed there for a while, or ended up living there. They included Europeans, South Pacific Islanders, and Japanese. So the language there has been a unique mixture of several languages.

The Ogasawara Islands are isolated islands in the Pacific Ocean. The islands, called the Galapagos of the East, are listed as a World Heritage site. They are located 1,000 km south of Honshu. If the islands were close to Honshu, the language there would not be so unique.

phenomenon
South Pacific
islander(s)
several
isolated
locate(d)

Q&A
1. What happens when people from different cultures meet?
2. Who stayed or ended up living on the Ogasawara Islands?
3. What are the Ogasawara Islands called?

(p.107) **language contact** 言語接触　6 **for a while** しばらくの間
6-7 **end up ~ing** 最終的に~することになる　We hurried up, but we *ended up arriving* late.
7-8 **South Pacific Islanders** 南太平洋諸島民　10-11 **the Pacific Ocean** 太平洋
11-12 **the Galapagos of the East** 東洋のガラパゴス　13 **close to ~** ~に近い

108

Read Again

本文の内容に合うように(　)内に入る語を下から選んで、言ってみましょう。

There is a phenomenon called "language ①(　)". One case is found in the Ogasawara Islands. They are isolated islands in the ②(　) Ocean. They are ③(　) 1,000 km south of Honshu. If the islands were close to Honshu, the language there would not be so ④(　).

[contact / included / located / Pacific / unique]

Grammar

●仮定法過去

「もし(今)~ならば、…だろうに」=[if ~, S + would + V] (if節の動詞は過去形)

If the islands were close to Honshu, the language **would** not **be** so unique.

◆現在の事実に反することや、実現の可能性が低いことを表すのに使います。
例) If I lived in Kobe, I could often visit my grandparents.

TRY

(　)内から適切な語を選んで、言ってみましょう。

1. If I (have / had) enough money, I would buy that car.
2. You (can / could) enjoy skiing if you lived h
3. If I (am / were) you, I (may / might) not read that comic book.

Reading Skill

●代名詞・指示語

本文中の代名詞や指示語を探し、それらが文中のどの語句を指すのか考えましょう。

例　When people from different cultures meet, their languages influence each other.

指示の関係を確認することで、文の前後関係が理解しやすくなります。

109

教科書をコピーして分解して貼りつけ、授業前にわかる範囲で和訳を書き、わからない単語、イディオムをチェックしておく。試験前に、和訳を見て英文を書くことができるようにする。

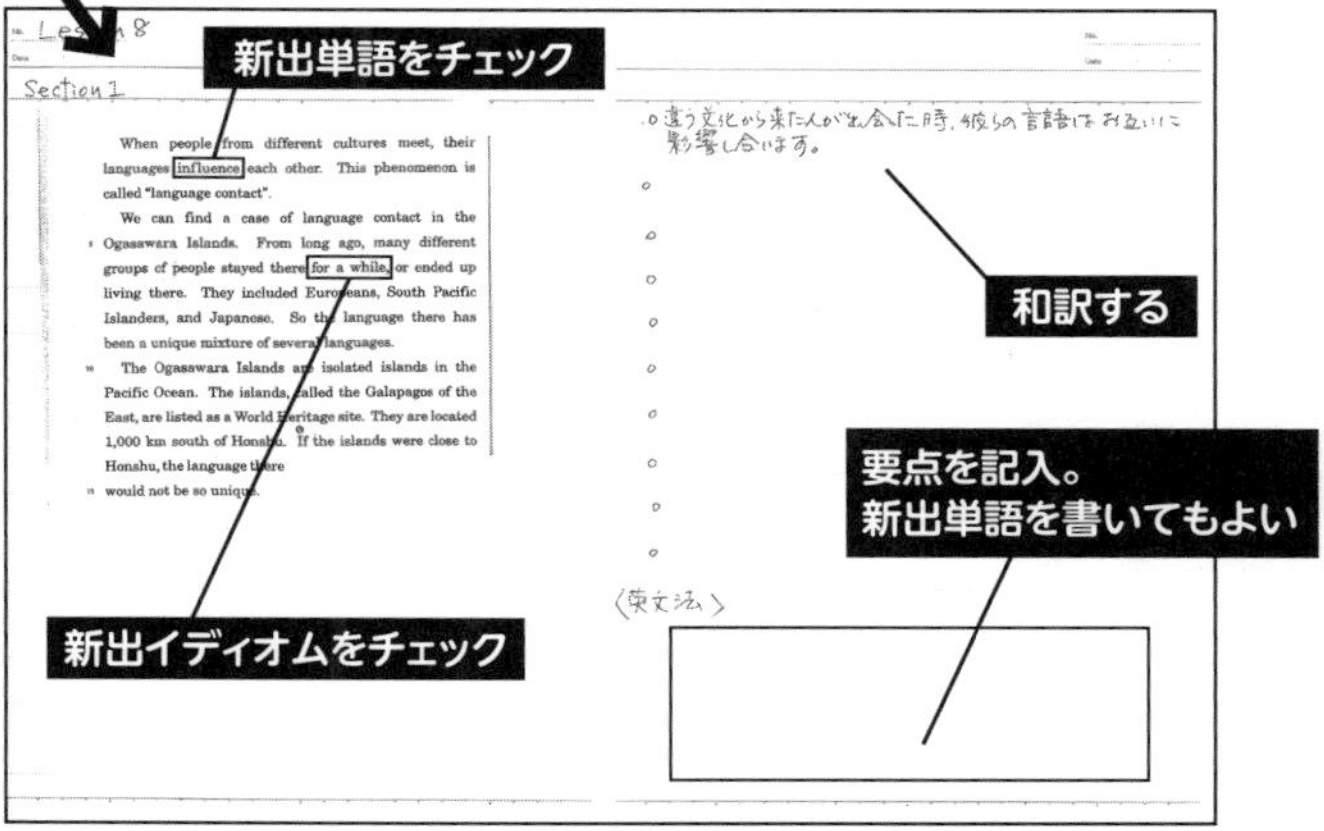

When people from different cultures meet, their languages influence each other. This phenomenon is called "language contact".

We can find a case of language contact in the Ogasawara Islands. From long ago, many different groups of people stayed there for a while, or ended up living there. They included Europeans, South Pacific Islanders, and Japanese. So the language there has been a unique mixture of several languages.

The Ogasawara Islands are isolated islands in the Pacific Ocean. The islands, called the Galapagos of the East, are listed as a World Heritage site. They are located 1,000 km south of Honshu. If the islands were close to Honshu, the language there would not be so unique.

②予習はざっくりでいい。わからない点を見つけるのが目的

◎右ページの上部に和訳を書きます。訳せない文章はスペースを空けておき、左ページの英文に鉛筆でラインを引いて目印にしておきます。

まったく訳せない場合は教科書準拠の参考書を見て書いてもよいでしょう。

◎右ページの下部には新出単語を書き、辞書を引いて意味を1つだけ記入します。
（どうして1つだけなのかは後述します。198ページ参照）

教科書の右ページの英文法、構文、練習問題、ポイントのコピーを貼った部分も、それぞれ和訳して要点を書き込みます。


これで予習は終わりです。

予習は不明な点はどこかを見つけておくためにします。すべて完璧に理解しようとする必要はありません。すべてを理解できるのであれば授業は必要ありませんよね。

不明点がどこかがわかれば身を入れて授業を聴くことができます。ですから、予習は

ざっくりでいいのです。手ぶらで授業に臨まないようにしてください。

③授業を受ける

予習ノートを持っていって授業を受けます。別に授業専用のノートを作り、板書をまとめてもいいでしょう。授業中に気がついたこと、先生の板書をノートの空きスペースに書き込めばノートは完成です。この予習ノートを家庭学習専用にして、別に学校の授業用ノートを作り、板書を写してもよいでしょう。

中間・期末の試験勉強はこのノートにすべての事項が書いてあるので、これを土台にして復習すればいいのでとてもラクです。

◎予習はゴールデンウイークに一学期分、二〜三学期分は夏休みに

勉強の拠点になるノートの作成と、「ざっくり予習」の方法を紹介しました。

この作業をする時間はいつが適しているでしょうか。

中学生になると部活動などで忙しく、時間が取れなくなることもあるようです。

その場合は**4月末から5月初めのゴールデンウイーク中にまとめてする**といいと思います。だいたい一学期間には6章ほど進むのが普通なので、この期間に一学期分（約6章分）を済ませます。中間試験までの3章分程度を終えるのでもいいでしょう。**夏休みには思い切って二〜三学期分の予習をしてはどうでしょうか。**二学期が始まったときに英語の予習がざっくりでもしてあると、時間と心に余裕ができることは確実です。実行に移す前は膨大な量に感じるかもしれませんが、実際にやってみるとそれほどの量ではなかったと感じると思います。まずはやってみてください。

また、予習の時間がとれなくてもテキストを切って貼るだけはしておいてください。勉強の根拠地になる作業場ができるだけでも先行きが見通せて安心できます。

①ノートを作成して

②予習する

③授業を受ける
④試験勉強時に見直しする

この作業を中学入学時から高校卒業時まで繰り返してください。

ノートがどんどん溜まっていくにつれて達成感も高まり、勉強への原動力になるでしょう。

◎受験は先攻逃げ切りが合格のコツ

6年間の予習と並行して大学受験に備える勉強を加えていきます。

ここでは「単語の覚え方」「英文法の勉強」「長文読解」「リスニング」の4つの分野についてお話しします。

単語の受験勉強法

少しずつ覚えて、繰り返す

英単語を覚えようと単語集を買ってきて、1ページ目から読んで書いて意味を覚え、派生語、イディオムを覚えて次に進むというやり方をする人がいますが、時間がかかるばかりで最後のページの単語を覚える前に入試日が来てしまいます。

英単語はイメージで覚えるのが一番効率的です。最も労力の少ない英単語の覚え方は以下です。

①英単語帳を買ってくる

どんな単語帳でもよいので字の大きさや紙質がいい感じと自分が思える本を選びましょう。そのときCDがついているものを選んでください。イラストが入っていて親しみやすい本もいいですね。

単語がどう使われるのかは文章の中で覚えると早く覚えられるので、例文がのっているものもおすすめです。

英語が苦手な人は１５００語ぐらいの単語数が少なくやさしい単語が掲載されている本から始めましょう。自分に見栄を張って難度の高い単語ばかりの本を買ってくると挫折しやすいので、覚えている単語が６割はある本から始めると前向きに進むことができます。

②単語を発音できるようにする

単語を読んで発音できるようにします。このとき、意味がわからなくてもかまいません。全部すらすらと発音できるようになるまで、何度も繰り返します。

単語帳はたいていは品詞別、頻出別に掲載してあります。名詞、動詞など好きな品詞を選んで最初のページから読んでもいいし、頻出順に覚えていくのもいいでしょう。

読み方がわからない単語はＣＤを聴いて発音を覚えます。単語帳とＣＤを併せて学ぶのはリスニングのために必要です。

③意味を１つだけ覚える

見て発音できるようになったら、意味を併せて覚えます。覚える意味は単語帳に出てくる最も頻出度が高い最初の１つだけ。２番目３番目まで覚える必要はありません。

最初の１つの意味がわかればその単語の持つイメージが摑《つか》めます。暗記の労力を少なくするためにも、あくまでも最初の１つだけ覚えます。

意味を１つすらすらと言えるようになるまで繰り返します。

１日に20語を覚えることができれば、40日で８００語になります。高校で習う大学受験に必要な英単語は２０００～２５００語と言われているので、40日間で３割以上を習得できる計算です（ちなみに中学校までに習う単語が１６００～１８００語なので、大学受験には合計４０００語が必要です）。

④語彙を増やす

単語が読めて意味が１つ言えるようになったら、２つ目の意味を覚えます。

次は語彙数を多く収録してある単語の本に移ります。ここでもこれまでと同じように、「読む→意味を１つ覚える→意味を２つ以上覚える」という作業をします。１日30語覚えて最後まで進みます。この本には最初に覚えた語彙数が少ない本に登場した単語も入っているので、未知の単語も少なくラクに覚えることができるでしょう。

英文法の受験勉強法

薄い問題集を数冊買ってきて解く

英文法の勉強法は、問題集を主体にします。

まず、自分に合ったレベルの問題集を買います。書店で見比べて**なるべく薄手の問題集を買いましょう。**１冊仕上げる時間が短くて済み、達成感を覚えられるからです。

同じ問題集は３回ほど繰り返して解くと内容が身につきます。問題集をコピーすればいいのですが、1枚1枚コピーするのは時間がかかりますし、紙代などを考えたら、同じものを3冊買った方がお得です。できればその単元のまとめがついているものがよいでしょう。

最初に単元のまとめを読んで、なんとなくでも頭に入れてから、問題を解きます。子どもたちは皆、内容を理解しないうちに問題に臨むことをとてもいやがります。わが家の子どもたちも「もう少し理解してから」と尻込みしていましたが、私は「いくら読んでも内容を全部理解できないから、とにかく問題を解きなさい」と言っていました。ここで**否応なく問題を解くという現場に行くのが内容把握のための近道**なので、恐れずに問題を解いてください。

案の定、初めは問題は解けません。でも、わからないことがあったら「まとめ」のページや解答を見たり、参考書を見たりして解いていきましょう。

皆さんは、

「参考書を読む」→「問題を解く」

の順に勉強を進めていきますが、私は逆で、

「問題を解く」→「参考書を読む」が理解への道だと確信しています。

これはマニュアルを繰り返し読んでもパソコンの操作は習熟しないけれど、実際にパソコンを触って操作しながら、不明点はマニュアルを読んで解決していくと早くパソコンを使いこなせるようになるのと同じです。仕事ができるようになるには、現場で仕事をしながらわからないことを誰かに聞いたりマニュアルを読んだりすると早く仕事が覚えられて一人前になるのとも似ています。

このようにしてわからないながらも1冊終えると、全体量と自分が理解できていない部分が把握できます。**1冊目では3割ぐらいしか解けなかった問題が2冊目には6割ほど解けるようになり、3冊目にはほぼ理解できるようになっているでしょう。**まだ理解できていないならもう1冊買って繰り返せばいいことです。そこは個人差があるので、**「ほかの人は2回繰り返せば完璧に理解できたのに、自分は4回繰り返さないと理解できない」と恥ずかしく思わないこと**ですね。習熟が目的なので、自分の実力についてくよくよ悩んでいる時間があれば、もう1回繰り返すよう言ってあげてください。余計な劣等感を持たず淡々と進めれば自然に成績が上がっていきます。

長文読解の受験勉強法

長文読解は高2から塾または予備校で

大学入試は長文読解が主です。長文読解は自学自習しようと思ってもなかなかできるものではないので、ここはさっさと塾か予備校の長文読解の講座を受講するのが一番の得策だと思います。だいたい高２の初めから長文読解の勉強を始めれば実力がつきます。

リスニングの受験勉強法

リスニング試験対策には単語力

最後にリスニングの勉強法をお話しします。２０２１年１月からスタートした「大学入学共通テスト」の英語の試験では、リーディング１００点、リスニング１００点という配点で、従来の「大学入学者選抜大学入試センター試験」（センター試験）と比べてリスニングが格段に重要となりました。

　では、リスニング対策はどうしたらいいでしょうか？

それにはまず、単語力を上げていく必要があります。人は意味を知っている単語しか聴き取ることはできないからです。流れてくる英語がちんぷんかんぷんだとしても単語のいくつかが理解できればそれを手がかりに内容を理解できます。知っている単語が多ければ多いほど聴き取りやすいもの。

　特に英単語を勉強するときに大事なのが固有名詞です。リスニングのテストで固有名詞が聴き取れないと致命的ですので、有名な人名や地名などは英単語帳についているＣＤでしっかりと覚えてください。

おわりに

この本はお母さんたちの子育てがよりラクになるようにと願って書きました。

私は2年間だけですが、高校で英語科の教師をしていました。そこで得たのは人に教えるとか、役に立つことをするのはサービス精神がないとできないということでした。自分のことはさて置いて、人（生徒）を優先させるという気持ちが必要だと感じていました。それはお母さんも同じですね。

ですから本を出すときもなるべく役に立つように具体的に述べるようにしてきました。自分が子育てしてきて周囲の人にとてもお世話になったので、今はその恩返しをしたいという思いもあります。

これからの時代を生きる子どもたちには皆が幸せになってほしいと願っているので、お母さんたちから質問があれば私でできることはこれからも何でも答えたいと思っています。なぜなら、これから子どもたちが生きる世の中とは、私たち大人が作ってきた世の中なので、作ってきた責任があると思うからです。

幸せとはどういうことかと言うと、10億円の宝くじが当たったというような大きなことはあまり起きないけれど、

「子どもがご飯をおいしそうに食べた」

「前は書けなかった字が書けるようになった」

というような**小さな幸せが集まったら大きな幸せになる**と思います。小さな幸せってとても大事なんですね。

逆に小さなストレスでも集まればとっても不幸な気持ちになります。ですから小さなストレスを1つずつ潰していくお手伝いをしたいというのが私の願いです。私の答えを聞くことで肩の荷が下りて1日か2日かでもラクになったらうれしいです。

子育ては大変なことの連続なので1～2日ラクになっても3日目には、また違う悩みが出てくるかもしれませんが、そんなときは、**深く思い悩まず、「明日は明日の風**

が吹く」と思って寝てしまいましょう。
実際、明日は明日の風が吹くものなんです。

前の日に「ダメダメ〜。もう無理だ〜」と思っていても、翌日には意外に子どもの機嫌がよくて元気だったり、何かができるようになっていたりするものなんです。で、また、そう思っていてもその日も「ダメだあ、もう無理！」と思うことがあったら、また次の日の風を待ちましょう！

……そうしているうちに子どもは大きくなっていくものです。

どうぞ、大変なことも含めて、子育てを楽しんでください。

最後に、子育て中、私も心がけていたことですが、お母さんは健康に留意してくださいね。いつも子どもたちの健康に気を配っていると思いますが、お母さんたち自身も気をつけてください。お母さんは子どもにとって特別な存在なので、元気でいることがとても大事。家事、育児、仕事で忙しくても、疲れすぎないよう、できるだけ睡眠と休息時間を取ってください。

私自身もかつての価値観や考え方に固執しないで、これからも常に自分をアップデートしていきたいと思っています。先日、ブームになったアニメーション映画で若い方たちが泣くぐらい感動していると聞いて早速鑑賞したのですが、全く泣けなかったので、子どもたちにメールして、「あの作品はどこで泣いたらいいんでしょうか」と尋ねたら、「泣けないなら泣かなくていいよ」という返事でした。なるほど、そういう感じで、新しいものを受け入れていけばいいのだと納得した次第です。このように大きくなった子どもたちに時々は教えられながら、私自身も学んでいきたいと思っています。

佐藤亮子

〈著者プロフィール〉
佐藤亮子（さとう・りょうこ）

大分県生まれ。津田塾大学英文学科卒業。大分県の私立高校で英語教諭として勤務後、結婚。長男、次男、三男、長女の4人の子を育てる。長男、次男、三男は灘中学校・高等学校を経て東京大学に入学。それぞれ理科三類から医学部医学科を卒業。長女は洛南高等学校附属中学校・高等学校を経て東京大学に入学。同じく理科三類から医学部医学科を卒業し、子ども全員が東大卒の医師になる。母親ならではの、子どもの気持ちに寄り添う姿勢、効率的で細やかな学習サポート方法が注目されている。進学塾「浜学園」でアドバイザーとして活動するほか、メディアなどで発言。著書に『3男1女 東大理Ⅲ合格百発百中 絶対やるべき勉強法』『3男1女 東大理Ⅲ合格百発百中 算数 国語 絶対やるべき勉強法』（ともに小社刊）などがある。

３男１女　全員東大卒医師に！
一点集中
ムダ取り勉強法

2023年5月10日　第1刷発行

著　者　佐藤亮子
発行人　見城 徹
編集人　福島広司
編集者　鈴木恵美

GENTOSHA

発行所　株式会社 幻冬舎
〒151-0051　東京都渋谷区千駄ヶ谷4-9-7
電話　03(5411)6211(編集)
03(5411)6222(営業)
公式HP：https://www.gentosha.co.jp/
印刷・製本所　近代美術株式会社

検印廃止

ISBN978-4-344-04107-3　C0095

この本に関するご意見・ご感想は、
下記アンケートフォームからお寄せください。
https://www.gentosha.co.jp/e/